BEST SELLER

Eduard Estivill, licenciado en medicina por la Universidad de Barcelona, está especializado en neurofisiología clínica y pediatría. Desde 1989 dirige la Clínica del Sueño Estivill del USP Institut Universitari Dexeus de Barcelona y, desde 1999, la Unidad de Alteraciones del Sueño del Hospital General de Catalunya. Lleva más de 35 años investigando todas las particularidades del sueño y ayudando a muchas personas a dormir bien. Aplicando sus conocimientos como neurofisiólogo y pediatra ha definido el Método Estivill para enseñar a dormir a los niños. Este Método, sus labores de investigación y la experiencia clínica lo han convertido en un referente mundial en el campo de las alteraciones del sueño. Su trabajo se refleja en más de doscientos artículos publicados en medios científicos nacionales e internacionales, y en más de veinte libros de divulgación sobre medicina del sueño y buenos hábitos, entre los que destacan *Método Estivill. Guía rápida*, *Recetas para dormir bien*, *Pediatría con sentido común para padres y madres con sentido común*, escrito en colaboración con el Dr. Gonzalo Pin, o *¡A dormir!*

Para más información visite la página web:
www.doctorestivill.com

Biblioteca

Dr. EDUARD ESTIVILL

¡A dormir!

DEBOLS!LLO

Primera edición en Debolsillo: septiembre, 2012

Printed in Spain – Impreso en España

ISBN: 978-84-9989-721-9 (vol. 486/15)
Depósito legal: B-20757-2012

Compuesto en Anglofort, S. A.

Impreso en Limpergraf
Mogoda, 29. Barberà del Vallès (Barcelona)

P 997219

ÍNDICE

AGRADECIMIENTOS

A vosotros, todos los padres y educadores que habéis aplicado y continuáis siguiendo el Método Estivill para enseñar a dormir a los niños, porque a la vez nos habéis enseñado cómo mejorarlo con nuevos conocimientos.

SALUDO DEL DOCTOR EDUARD ESTIVILL

Hace ya quince años que publiqué por primera vez las directrices para enseñar a dormir a los niños. Los padres acabasteis por llamar a este compendio de recomendaciones y normas, de forma cariñosa, «Método Estivill», pero tengo que recordar que no es un invento mío. Durante todo este tiempo, simplemente me he limitado como científico a exponer y divulgar con palabras llanas y fáciles de comprender todos los conocimientos que los neurobiólogos, los psicólogos, los pedagogos, los pediatras y los especialistas en Medicina del Sueño hemos adquirido en los últimos cuarenta años. Y con gran satisfacción, digo también que estas pautas han resultado útiles a más de tres millones de padres y educadores en todo el mundo.

Gracias a los avances científicos, en la actualidad sabemos aún más. Podemos ayudar mejor a que los niños duerman bien. Por eso, planteo de nuevo en un libro, este libro, aquellos conceptos médicos recientes que son todavía más ventajosos para los niños y sus cuidadores.

Todo lo que a continuación expongo está refrendado por la comunidad científica mundial. Sociedades como la Academia Americana de Patología del Sueño, la Academia Americana de Pediatría o la Sociedad Española del Sueño utilizan las mismas recomendaciones. Al final del libro, para aquellos padres que queráis ampliar información, incluyo una relación bibliográfica de los artículos más importantes publicados sobre este tema.

Se trata de propuestas —que no dogmas— fruto de la investigación, que sirven para enseñar un buen hábito del sueño. Aplicarlas es una opción personal y voluntaria. Sólo pretendo orientar a los padres que hayan decidido seguir el Método.

Y es que enseñar a dormir a un niño no es fácil. Por ello he estructurado este libro de forma esquemática y destacando las ideas clave. Por mi experiencia clínica con más de tres mil pacientes, por los estudios que resumo más adelante y por los comentarios de padres y pediatras que han puesto en práctica el Método, puedo afirmar que si se interiorizan los conceptos y se aplican rigurosamente, funciona en todos los casos. Por cierto, rigurosamente no significa *duramente*, sino con rigor: sin olvidar ninguna de las pautas sugeridas.

Una vez decidáis seguir las pautas, vosotros, los padres, debéis aplicarlas además de todas las personas que cuiden del niño. En estas páginas llenas de novedades incido en enseñar a dormir desde el nacimiento, a entender cómo dormimos ya en el vientre materno y también en que podemos reeducar el hábito del sueño a cualquier edad e incluso en circunstancias especiales, desde cómo duermen los gemelos hasta algún desarreglo por una enfermedad. Porque nunca es tarde para aprender bien un hábito. Y el sueño es un hábito.

Espero continuar ayudando.

Doctor Eduard Estivill
Septiembre de 2011

INTRODUCCIÓN

MI HIJO NI DUERME NI ME DEJA DORMIR. QUEREMOS DESCANSAR, PERO ¿QUÉ HACEMOS MAL?

Ésta es la historia de una pareja feliz. Sara tiene 33 años y Pedro acaba de cumplir los 36. Llevan cuatro años juntos y acaban de tomar una gran decisión: van a tener un hijo.

Los primeros meses de embarazo son ideales y los restantes, también, ni un vómito, ni una náusea; Sara duerme sin molestias y gana un kilo cada mes. Su ginecólogo vive el sueño de un médico de manual.

Se han cumplido nueve meses exactos cuando les nace un niño magnífico, un niño sensacional; el niño más hermoso y perfecto del mundo. Mide cincuenta centímetros, pesa tres kilos y medio y supera las pruebas neonatales y de respiración con éxito. Cuando le toca mamar, se coge del pecho enseguida sin mayores problemas y ni siquiera pierde los gramos que los bebés acostumbran a perder los primeros días con la lactancia materna. Los padres, contentísimos, no caben en sí de gozo.

Sin embargo, ya en la *nursery*, la enfermera les dice que su niño está muy bien pero que no duerme mucho. «Es un chavalote muy despierto y vivo», insiste. Los recién estrenados papis se miran con ternura y se dicen: «No puede ser de otra manera, porque es nuestro hijo».

Salen de la clínica y se marchan a casa. El nene va creciendo y va ganando peso, pero durante la noche no hay manera de que duerma más de una hora u hora y media seguida. Se despierta continuamente. Sara le da de comer a sus horas y cree que lo que sucede es algo normal.

Después de tres meses de *fiesta* nocturna para la pareja feliz, la mamá se encuentra con una de esas vecinas que siempre aparecen en el entorno de una madre primeriza. La vecina le asegura que es normal que el niño no duerma, porque en los primeros meses sufren cólicos y, claro, el dolor les impide descansar. Que no se preocupe, que pasado el tercer mes los cólicos desaparecen y el niño se convertirá en una pequeña marmota.

Hasta este momento ya se han leído varios libros de autoayuda (desde los más «serios» hasta los «alternativos»: *Dormir sin prisa ni pausa* y *La noche espera a los más jóvenes* son sus principales referencias) y han consultado con su pediatra, con los amigos que tienen niños, con sus familiares, pero ninguna solución propuesta les funciona.

Pasa el tercer, el cuarto, el quinto mes... y siguen sin dormir por las noches. Entre los dos se levantan aproximadamente unas quince veces. Sara contempla su mala cara en el espejo y a Pedro le cuesta tanto concentrarse en el trabajo que está considerando hacerse una vasectomía. Viven un infierno con este niño tan querido y tan deseado.

A los seis meses, se encuentran de nuevo a la vecina y le dicen que no hay manera, que el niño come, crece y lo hace todo perfecto, excepto dormir. No duerme ni de noche ni de día. La vecina los tranquiliza y les comenta que seguro que ahora le están saliendo los dientecitos y el dolor no lo deja dormir, y que cuando terminen de cortar los dientes, el nene dormirá, sin duda.

Esperan ocho, diez, doce meses y el niño tiene la boca llena de dientes y una sonrisa impecable pero sigue sin dormir. Topan con la sabia vecina otra vez y en sus nuevas cábalas afirma que si el niño tiene un añito y tres meses no deben preocuparse más: está aprendiendo a caminar. Cuando camine se cansará mucho y dormirá perfectamente por la noche.

Pedro y Sara esperan los primeros pasos de su vástago y un día a las nueve de la noche se colocan uno en un extremo del pasillo y el otro en la otra punta, y comienzan a reclamar al nene: «Amor, ven con mami; cariño, ven con papi». A las diez de la noche, el niño sigue arriba y abajo por el pasillo y Pedro está convencido de que esa noche todos dormirán muy bien.

A las once, lo colocan en la cunita y pasan la peor noche de todas. El niño se despierta el doble de lo habitual y no pegan ojo. Sara no puede más, Pedro no puede más y el niño está siempre irritado y se muestra muy dependiente de su madre. No la deja ni respirar.

En una reunión de amigas, una de ellas aconseja a Sara que lleve a su niño a la guardería, porque quizá allí le enseñarán a dormir. Ella duda, porque piensa que quién va a querer a su hijo, que no duerme ni deja dormir, que es un demonio y no atiende a nada. Está segura de que se lo devolverán el primer día.

Al final, se deciden a llevarlo a la guardería. Pasa una semana y Sara no pregunta. Cuando lo lleva y lo recoge, baja la cabeza y sale a toda prisa para que los educadores no le llamen la atención. Han transcurrido dos semanas y ella no entiende por qué no le dicen ni mu. Totalmente confundida, un día no puede más y habla con la educadora de la guardería. La chica le asegura que el niño duerme muy bien allí, que echa dos siestas: una por la mañana cuando llega y otra por la tarde, después de comer. Es imposible, piensa Sara, en casa no duerme ni siquiera los sábados y los domingos. ¿Cómo lo hacen?

La educadora responde que es muy sencillo, que utiliza el método de toda la vida: «Tenemos una habitación con unas hamacas. El primer día, les explicamos a los nenes que ese espacio es para que ellos duerman. La primera vez, cuatro de ellos gritan, tres lloran, dos tienen tos y uno se levanta. Volvemos a explicarles que están allí para dormir y que es bueno para ellos. Al cuarto día, los que gritaban ya no gritan, los que lloraban ya no lloran, a los que tenían tos se les ha pasado y el que se levantaba está quietecito. Al cabo de una semana, todos duermen por igual».

Y hasta aquí nuestra historia, queridos lectores. Es inventada, aunque a muchos de vosotros os puede resultar familiar. Es la historia de un niño muy sano que no tiene ninguna patología del sueño, pero que no ha aprendido el hábito de dormir bien.

¿Cómo iba a imaginar nuestra pareja que su vida perfecta dejaría de serlo con la llegada tormentosa del nuevo miembro de la familia?

En este libro os enseñaremos que a algunos niños tenemos que educarlos para que tengan un buen hábito para dormir. Y como queremos guiaros con claridad desde el principio, hemos estructurado esta obra por franjas de edad:

- Para entender los ritmos del recién nacido y el bebé y poder afianzar la cantidad y la calidad de su descanso (que es el vuestro).
- Para seguir educando o reeducar un mal hábito entre los 7 meses y los 5 años.

Completamos el Método con una panorámica de las alteraciones del sueño y su tratamiento, respuestas a vuestras dudas y las direcciones y la bibliografía más útiles.

Nada es perfecto, pero si algo funciona es nuestra capacidad para aprender y para enseñar. Y sabemos que podemos enseñar a nuestro hijo el hábito de dormir. Eso sí que es vida. ¡Por fin!

PRIMERA PARTE

LAS PAUTAS DEL MÉTODO ESTIVILL

1

EL SUEÑO ES UN HÁBITO Y, COMO TAL, PODEMOS ENSEÑARLO Y APRENDERLO

Aunque lo ideal es que los padres empecéis a asentar unas buenas rutinas del sueño desde el inicio, es decir desde el primer día que pasáis con el bebé, lo más probable es que este libro llegue a vuestras manos cuando vuestro hijo haya superado los 6 meses. Es un bebé sano, hasta rollizo, simpático y alegre, pero también es un desastre a la hora de dormir. Estáis desesperados. La idea de tener otro hijo os parece en este momento lo menos deseable y pensáis seriamente en hacer cualquier cosa, por muy extraña que parezca, para conseguir que duerma. Queréis que duerma porque sabéis que es necesario para su buen desarrollo, y también porque vosotros necesitáis dormir. Sé que no podéis más, que lo habéis probado todo, que habéis seguido todos los consejos que os han dado vuestros seres queridos y no tan queridos, que habéis escuchado un amplio abanico de opiniones y que habéis leído todos los libros escritos sobre el tema. Y nada ha funcionado.

Os entiendo perfectamente.

Vuestro hijo es lo más importante para vosotros. Por eso debéis ser los mejores padres del mundo. Al menos por lo que respecta al sueño. Y mi intención es ayudaros a conseguirlo.

Entiendo muy bien cómo debéis de sentiros en este momento,

con un hijo que no duerme. La sensación de impotencia es terrible, os parece que sois los peores padres del mundo, los más desgraciados, los que hacéis peor las cosas y los que nunca lograréis dormir ocho horas seguidas. Todo eso no es cierto. **Sois los mejores padres del mundo, y lo único que hace falta es que pongáis un poco de orden en la forma de enseñar a dormir a vuestros hijos.** No os sintáis en absoluto culpables. No tenéis la culpa de nada. En todo caso, podemos pensar que hay algo que no estáis haciendo bien; eso es otra cosa, o por lo menos lo que estáis haciendo no sirve para enseñar a dormir a vuestro hijo. Nadie os ha enseñado a vosotros. ¿Culpables? Lo seréis si después de leer las normas científicas que conocemos actualmente no las aplicáis correctamente. Esos reproches de que «los padres jóvenes o primerizos no atienden bien a sus hijos» son totalmente injustificados. Sólo necesitan que alguien les oriente en cómo deben enseñar a dormir a sus hijos.

Además de vosotros, vuestro hijo también sufre las consecuencias de dormir mal. El sueño es un período muy importante en nuestra vida, pues es necesario haber dormido bien para tener un buen día. Los niños que duermen mal sufren ciertas alteraciones al día siguiente: están más irritables, demasiado dependientes de quienes los cuidan, están de mal humor y lloran por nada. Muchos padres, después de enseñarles a dormir, me dicen: «Incluso ha cambiado de carácter. Está más tranquilo; juega solo a ratos, está de buen humor y más simpático». En realidad, no es verdad. El niño es simpático de nacimiento, pero la falta de sueño afecta a su estado de ánimo y lo vuelve huraño e irascible.

Es importante que nuestro hijo duerma bien por una sencilla razón: nadie puede vivir sin dormir, incluidos los peces y los murciélagos. Durante el sueño, el organismo fabrica todo lo que gastará al día siguiente. Y si un niño no descansa lo suficiente se sentirá cansado, irritado, nervioso y somnoliento. También es necesario por el bien de vuestra salud mental y sentimental, que acabarían resintiéndose si pasarais muchas más noches sin descansar y arrastrándoos como zombis en vuestros respectivos trabajos.

CONSECUENCIAS DEL INSOMNIO INFANTIL

- En lactantes y niños pequeños:
  - Irritabilidad, mal humor.
  - Llanto frecuente.
  - Dependencia de sus cuidadores, no saben estar solos.
- En niños en edad escolar:
  - Fracaso escolar.
  - Inseguridad y timidez.
  - Mal carácter.
- En los padres:
  - Cansancio.
  - Inseguridad.
  - Sentimiento de culpa.
  - Acusaciones mutuas en la pareja.
  - Cambios radicales en la vida de pareja.
  - Frustración ante la situación.
  - Sensación de fracaso e impotencia.
  - Reacciones agresivas.

Si habéis llegado hasta aquí es porque ya padecéis algunas de estas consecuencias. Bien, **antes de seguir adelante con el Método, me gustaría daros unos consejos generales:**

■ Debéis estar muy convencidos y mentalizados antes de empezar el Método. He dicho *debéis*, en plural, es decir la mamá, el papá y todos los que estén al cuidado del niño (canguros, abuelos, tíos, etc.). Es fundamental que todos hayan leído este libro y que los que apliquen el Método conozcan las normas de memoria para tener el mismo criterio en cada situación que el niño nos plantee, que serán muchas y difíciles. Si esto no se cumple desde el inicio, el fracaso está asegurado.

■ Hay que aplicar el Método de forma rigurosa y sin ningún cambio de las normas propuestas. Es frecuente que los padres hagáis adaptaciones del Método. Esto casi nunca funciona. Si preguntáis a los amigos que han logrado un sueño reparador y continuado de toda la familia, seguro que os dirán que han seguido el Método a rajatabla.

■ Antes de comenzar, es importante que os aseguréis de que el niño no padece ningún problema médico agudo. El pediatra os orientará sobre este punto. Hay que descartar cualquier tipo de enfermedad (las más frecuentes son la otitis, la intolerancia a la leche, el reflujo y, ocasionalmente, ciertos problemas psicológicos o psiquiátricos). Tenéis que averiguar si hay algún motivo físico o psicólogico por el que el niño no duerma.

CONDUCTAS PARENTALES QUE INFLUYEN EN LOS PROBLEMAS DE SUEÑO DE LOS NIÑOS

- Presencia de los padres al inicio del sueño.
- Padres poco exigentes.
- Ausencia de límites.
- Conceptos erróneos sobre el sueño de los niños.
- Poner en la cama al niño demasiado pronto.
- Tener una conducta extremadamente rígida.

CAUSAS MÉDICAS DE INSOMNIO INFANTIL

- En el período de lactancia y hasta los 2-3 años es preciso descartar:
  - Cólicos.
  - Otitis.
  - Reflujo gastroesofágico.
  - Fiebre.
  - Enfermedades comunes de la infancia con erupciones en la piel.
  - Crisis epilépticas.
  - Problemas respiratorios: asma, bronquitis, obstrucción nasal, sinusitis, neumonía.
  - Infecciones víricas agudas.
  - Problemas dermatológicos: eccemas, psoriasis, excesiva exposición solar, quemaduras.
  - Dolor por diversas causas.
  - Dispepsia, gases, estreñimiento y diarreas.
  - Factores ambientales: ruido, luz excesiva y, sobre todo, excesivo calor. El frío muy intenso también puede alterar el sueño del niño, pero este fenómeno es poco frecuente en nuestro medio.
  - Alteraciones del neurodesarrollo: autismo, retardo mental, síndromes malformativos, síndrome de Asperger, etc.
- A partir de los 2-3 años es preciso descartar:
  - Ronquidos y apneas.
  - Síndrome de piernas inquietas.
  - Dolores de cabeza.
  - Pesadillas, terrores nocturnos, sonambulismo.
  - Estimulantes: nicotina (por inhalación ambiental de tabaco).

- Excesiva ingesta de alimentos con alto contenido en azúcares.
- Efectos secundarios de algunos fármacos.
- Problemas psicológicos. Traumas emocionales por: proceso de divorcio de los padres, abuso sexual, estrés (cambios en la escuela o de domicilio, nuevo trabajo de los padres, menos tiempo en casa de los padres, problemas financieros en la familia, presencia de un nuevo hermano o un nuevo miembro en la unidad familiar —abuelos—). Acoso escolar. Muerte de un familiar.
- Problemas psiquiátricos: depresiones, ansiedad, etc.

¿QUÉ ES UN HÁBITO Y CÓMO SE CONSOLIDA? EL PUNTO DE PARTIDA DEL MÉTODO ESTIVILL

Cada niño es distinto. Por suerte, tiene una personalidad propia, y es posible que a algunos les cueste aprender más que a otros. Hay niños con un temperamento dócil y otros con una forma de ser más exigente. Unos son más tranquilos y otros más revoltosos. Lo notamos desde el nacimiento, pero eso no supone que ser de una o de otra manera determine si dormirá. Dormir es un hábito, como comer o leer. Todos podemos aprenderlos aunque tengamos caracteres distintos. Unos aprenderán antes y a otros les costará más, pero al final todos lo conseguirán.

No debemos engañarnos pensando que si el niño es nervioso le costará dormir más. Puede que haya niños inquietos a los que les cueste más aprender a dormir, pero seguro que si vosotros le enseñáis correctamente, el niño aprenderá. No depende del niño. Depende de vosotros. Sois vosotros los maestros. Seréis quienes enseñaréis a dormir a vuestros hijos. Ellos no pueden aprender solos. Os necesitan para que les enseñéis. Y tenéis que ser los mejores. Con este Método tendréis las herramientas necesarias para saber cómo enseñar a dormir a vuestro hijo.

Antes de entrar en materia, resumiremos en qué consiste el sueño. Recordemos que un ritmo biológico es la repetición sistemática de un tipo de actividad que realiza nuestro organismo (por ejemplo: dormir-estar despierto; dormir-estar despierto). Cuando un bebé nace su ritmo biológico oscila entre las 3 y las 4 horas. Es decir, cada 3 o 4 horas, el recién nacido cumple con una serie de actividades —se despierta, lo lavan, come y duerme— que completan un ciclo. Una vez se cumple dicho ciclo, comienza otro idéntico —vuelve a despertarse, otra vez lo lavan, come y duerme—. Este tipo de ciclo es anárquico. A partir de los 6-7 meses el ritmo biológico de un niño es diario. O sea, cada 24 horas repetimos y alternamos los patrones de vigilia y sueño.

A partir del tercer o cuarto mes de vida, los niños empiezan a alargar progresivamente su ritmo biológico. Para pasar de las 3-4 horas del ciclo «anárquico» a las 24 horas propias de los adultos, los bebés empiezan por alargar el primer sueño de la noche, y consiguen dormir seis horas seguidas —menudo regalo para los padres—. Al cumplir los seis o siete meses, debería dormir 10-11-12 horas de un tirón (aunque tendrá los microdespertares normales de todos los seres humanos y deberá volver a dormirse solo, sin que nosotros intervengamos). A ese descanso habría que añadir tres pequeñas siestas durante el día (una después del desayuno —de 9 a 10 horas—, otra después de la comida del mediodía —entre las 12 y 13 horas y las 15 y 16 horas— y una última, más breve, tras la merienda).

Ese cambio se produce gracias a un grupo de células del cerebro humano que funcionan como un reloj. El objetivo de este «reloj» es lograr que todas las necesidades de la persona se adapten al ritmo biológico de 24 horas, es decir, al ritmo solar. Pero a este reloj debemos darle cuerda. El 70 % de los recién nacidos consiguen ponerlo en marcha con determinadas rutinas, unos sencillos estímulos (coger al niño, ponerle en su cuna, decirle buenas noches, mecerlo un poquito o cantarle una canción). A los seis o siete meses, estos niños ya duermen perfectamente bien y sus padres se congratulan diciendo: «Me ha tocado un niño que duerme bien».

Sin embargo, no se trata de una lotería. Los niños que forman parte del 30 % restante pueden dormir tan bien como los del primer grupo. Sencillamente, necesitan algo más de «cuerda» o, lo que es lo mismo, rutinas más consistentes. No tienen ningún problema psicológico ni médico, pero les falta organizar su ritmo de vigilia-sueño. Su reloj es un poco anárquico. Este trastorno es muy fácil de solucionar, pero debemos hacerlo cuanto antes, porque cuanto más crezca el niño, más difícil será corregirlo.

Podemos **poner en marcha el reloj del bebé** mediante los siguientes estímulos externos:

- Reforzando el contraste entre:
  - Luz (de día) y oscuridad (de noche).
  - Ruido (de día) y silencio (de noche).

Para ello, potenciaremos la idea de que la luz y el ruido son propios del día y de la vigilia, mientras que la oscuridad y el silencio se asociarán a la noche y al sueño.

- Ayudándonos de las comidas, que anuncian la actividad siguiente: dormir (ya sea la siesta o el sueño nocturno).

- Enseñándole el hábito del sueño. En otras palabras, mostrándole cómo aprender a conciliar el sueño por sí mismo, sin que nadie le ayude.

El sueño es un hábito y, por lo tanto, puede enseñarse

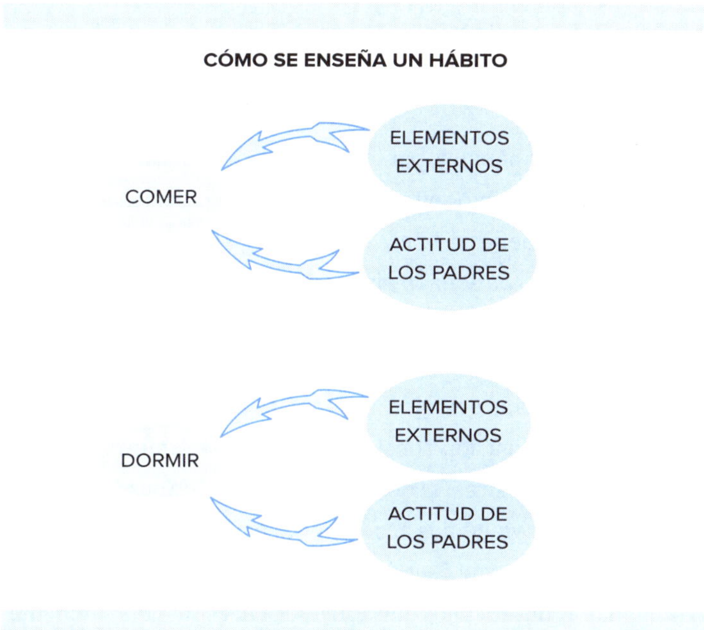

PUNTO CLAVE: ¿QUÉ ES UN HÁBITO?

Un hábito es algo que no sabemos hacer, pero que, a fuerza de repetirlo, aprendemos. Los hábitos siempre tienen connotaciones culturales; por ejemplo, lavarse los dientes con un cepillo, comer la sopa con cuchara o aprender a manejar una bicicleta o a deslizarse con esquís son hábitos. Pueden cumplirse de distintas maneras, como ocurre con el hábito de la comida. Por ejemplo, en Japón, los niños comen sentados en el suelo, con un bol y unos palillos; en cambio, aquí lo hacemos sentados a la mesa con una cuchara y un plato. Los dos hábitos son correctos, aunque, si el niño japonés viene a nuestro país y quiere seguir con su hábito, tendrá dificultades para adaptarse a su nuevo ambiente. No estará haciéndolo mal, sino que, simplemente, le costará un poco adaptarse. Sucederá igual si nosotros vamos a su país.

El sueño es un hábito y, por lo tanto, puede enseñarse.

Un hábito es distinto según la cultura de cada sociedad, pero lo que no varía es que se enseña y se aprende.

Todo el mundo ha soñado alguna vez con volver a la infancia, a aquellos días felices en los que no había que fichar a las ocho de la mañana ni asistir a las reuniones de la comunidad de vecinos para hablar de las goteras del ático. Durante los primeros años de vida, nuestra única obligación consistía en comer y dormir para cubrir dos necesidades básicas: la de alimentarnos y la de descansar.

Por supuesto, ya no nos acordamos, pero desgraciadamente ni siquiera comer y dormir fueron actividades sencillas, por lo menos al principio. Todos tuvimos que aprender a hacerlas correctamente. Si nadie nos hubiera enseñado a utilizar la cuchara y el tenedor tal vez aún rebañaríamos la salsa de las albóndigas con el sonajero.

Podemos concluir:

- No es lo mismo comer que comer bien. Y del mismo modo, no es lo mismo dormir que dormir bien. Está claro que vuestro hijo duerme algunas horas al día —nadie puede vivir sin hacerlo—. Pero otra cosa es que lo haga correctamente y la cantidad de horas recomendables para su edad.

- A dormir, igual que a comer, se aprende. El sueño es un hábito y, como tal, requiere un aprendizaje.
- El sueño es una necesidad del organismo. Dormir bien es un hábito que podemos enseñar a nuestros hijos.

¿CÓMO SE ENSEÑA UN HÁBITO?

PUNTO CLAVE N.º 1

Primer concepto: asociar elementos externos adecuados y dejárselos tener todo el tiempo que dure el hábito

El niño aprende por repetición, asociando unos elementos externos al hábito que le estamos enseñando.

Planteamos a continuación el ejemplo de la comida para entender cómo se enseña un hábito a un niño.

Cuando llega la hora de comer, los padres siempre desarrollan las mismas acciones y preparativos, como si se tratase de un ritual. De forma natural, cogen al niño, lo sientan en la sillita, le ponen el babero y cogen un bol y una cuchara. Estos elementos (sillita, babero, bol y cuchara) permanecen siempre con el niño mientras está tomando su papilla, es decir, mientras pone en práctica su hábito.

A nadie se le ocurre retirar uno de estos elementos antes de que acabe el hábito (a media papilla no se llevan la cuchara y le dicen al niño que acabe de tomarla sorbiéndola directamente del bol). La repetición de esta asociación de elementos externos con el hábito (comer) da seguridad al niño. Al cabo de un tiempo, el pequeño conoce tan bien todo el proceso que con sólo ver el bol empezará a sacudir los bracitos alegremente, porque sabe que ha llegado la hora de la papilla. Se sentirá seguro con ese hábito y lo realizará correctamente.

Cuando se trata de dormir, los padres suelen dudar más en emplear elementos externos. Sería como si no tuvieran tan claro que para que un niño coma correctamente hay que sentarlo en una sillita, ponerle un babero y ayudarse de un bol y una cuchara. Imaginemos que un día cambian el babero por un mantón de Manila y el bol por un casco de moto, y que en lugar de sentar al niño en su sillita optan por «instalarlo» en la canasta de baloncesto del jardín mientras prueban a encestar las cucharadas de papilla desde la ventana del comedor. Absurdo, ¿verdad? Pues ahora pensad en lo que estáis dispuestos a hacer cuando vuestro hijo empieza a berrear a medianoche: darle la manita, mecerlo, dormirlo en brazos, cantarle, dormirlo en vuestra cama, en el cochecito mientras lo paseáis por la casa, en el coche dando vueltas a la manzana, e, incluso, ponerlo encima de la centrifugadora para que lo balancee automáticamente... Sí, son cosas que nos han contado los mismos padres, todo lo que han intentado hacer para que sus niños conciliaran el sueño. No sabéis cuánto os entendemos. Todos hemos pasado por algo así cuando no sabíamos cómo enseñar a dormir a los niños.

Pero ¿qué pasa si nosotros le damos la mano a un niño para que se duerma? Pues que la mano será el elemento externo asociado a su sueño. Y, ¿qué haremos cuando el niño esté cumpliendo el hábito, es decir, durmiendo? Pues que nos iremos, porque no podemos pasarnos toda la noche dándole la manita. De repente, el niño se despierta. Pero no se despierta porque tenga un problema médico o psicológico, ni porque esté mimado ni por culpa vuestra. Se despierta porque todos tenemos breves despertares nocturnos que no recordamos puesto que volvemos a dormirnos. En alguno de estos despertares, el niño reclama el elemento externo que hemos asociado a su hábito, con su única arma pero muy poderosa, el llanto. ¿Y qué hacemos nosotros? Lo que podemos, claro, porque no sabíamos qué hacer antes de leer este libro. Acudíamos a su lado y un día le dábamos agua, otro día lo acunábamos, otro lo cogíamos en brazos, otro día lo llevábamos a nuestra cama... y así con mil y una acciones que creíamos útiles para que volviera a conciliar el sueño.

Sin embargo, lo que hicimos en realidad fue cambiar una y otra vez los elementos externos asociados a su hábito, es decir, lo confundimos y le provocamos, sin querer, inseguridad en su hábito.

La pobre criatura pensaba: «A ver si se aclaran de una vez y dejan de liarme con tantos cambios». Estaba deseando crecer y aprender a hablar para deciros: «A ver si os ponéis de acuerdo de una vez y me enseñáis siempre lo mismo». En serio, con tanta duda e improvisación y cambiando los elementos externos que se asocian al hábito, los padres están transmitiendo inseguridad a su hijo. El niño capta que los adultos se sienten desbordados, que no saben qué hacer y que improvisan. Además, al cabo de un rato, están malhumorados y frustrados. De este modo, resulta totalmente imposible que el niño se sienta seguro y que aprenda el hábito del sueño. No lo conseguirá hasta que sus progenitores no dejen de cambiarle los elementos asociados a su sueño y le transmitan la seguridad necesaria para entender que conciliar el sueño solo en su cunita es algo sencillísimo y no un número circense.

PUNTO CLAVE N.º 2

Segundo concepto: el niño capta siempre lo que le comunicamos

Por este motivo, debemos adoptar una actitud segura y confiada.

Los niños son seres inteligentes. Que sean pequeños no significa que sean tontos. No lo olvidéis nunca. Hay que tener presente que los niños siempre captan lo que los adultos les transmitimos. Todas las sensaciones que irá adquiriendo un niño se las transmitimos nosotros. Las buenas y las malas. Un bebé no se traumatiza solo. Siempre hay algo o alguien que le provoca el trauma. Desde sus primeros días de vida, un niño entiende lo que los adultos le comunican por el tono que emplean al hablarle. No necesita comprender el significado de las palabras para saber si sus padres están enfadados o alegres. En este sentido, no le importará que le llamen «gordito» o «mocoso» si la voz suena dulce, mientras que se asustará al oír un «¡Qué guapo eres, chiquitín!», si la garganta que lo pronuncia lo hace en un tono fuerte y seco.

Si cuando un niño en la edad de gatear está a punto de introducir los dedos en un enchufe oye que nosotros, con voz dulce y melosa y con una sonrisa en los labios decimos: «Ay, ay, ay, tendré que reñirte...», el niño no tendrá la sensación de peligro, porque no se la estamos comunicando con nuestras palabras. Debemos ponernos serios y hablar con voz firme, para darle a entender que «eso no se hace porque puedes hacerte daño». El niño capta únicamente la sensación, porque no entiende las palabras.

¿Habéis visto alguna vez a un niño de 3 años, sentado en el sofá mirando hacia el techo y diciendo: «Ay, ay, ay, me estoy traumatizando»? Es ridículo, ¿verdad? El niño nunca se traumatiza solo. Lo hace cuando alguien le crea un trauma o le impone un castigo (problemas en la escuela, entre los padres, violencia hacia él, etc.).

Del mismo modo, el niño también es capaz de percibir si sus padres se sienten verdaderamente seguros mientras llevan a cabo una acción. Si los adultos que le cuidan dudan, él también dudará y se sentirá inseguro cuando le toque actuar a él.

A nadie se le ocurriría pensar que un niño vaya a traumatizarse porque le «obliguemos» a comerse el yogur con una cuchara, ¿verdad? No, porque se lo explicaremos de manera pausada y natural, y no como si se tratase de un castigo. Nadie le va a decir: «Y ahora voy a castigarte a comerte la sopa con cuchara». Como no le transmitimos la sensación de castigo, él nunca vivirá de forma traumática este hecho. Por la misma razón, no hay ningún niño traumatizado por dormir en una cuna o por ir a la guardería.

Cuando unos padres enseñan a su hijo a comer papilla su actitud es confiada y tranquila. Y los niños así lo entienden. Ven que sus padres no tienen ninguna duda acerca de cómo los bebés de esta parte del planeta toman las papillas. No manifiestan ni un amago de inseguridad al respecto. Siempre lo hacen de la misma manera porque están convencidos de que es la correcta. Tanto es así que incluso desoirían al más prestigioso de los pediatras si éste apareciese en la televisión explicando una teoría revolucionaria sobre las ventajas de que los niños tomen los potitos con pajita y tumbados en el suelo.

Los padres no dejan que sus hijos coman de una forma distinta de la que ellos les enseñan. Si el niño mete la mano dentro del plato o escupe el zumo de naranja, los adultos le explican que está actuando incorrectamente. Y a continuación le indican el modo de hacer lo correcto, igual que le explican que la cuchara se emplea para tomar la sopa y los yogures.

Cuando se trata de dormir no actuamos del mismo modo. Tal vez vosotros también habéis pronunciado en alguna ocasión una frase como: «Si te portas mal, te irás a la cama». A menudo, los padres castigan a sus hijos con irse a la cama o a dormir. Al hacerlo, provocan que el niño asocie la «cama» a un castigo, a algo negativo e incluso traumático.

PUNTO CLAVE N.º 3

Tercer concepto: un niño se comunica mediante el principio de acción-reacción

El niño es extremadamente listo. Ya lo hemos dicho. Desde el momento en que nace observa detenidamente a sus padres y *se entrena* para conseguir una reacción de ellos. A medida que el bebé crece, también aumenta su capacidad de comunicarse con los adultos.

- **De los 6 a los 18 meses** (cuando empieza a hablar), su manera de comunicarse consiste en realizar una acción que provoque una reacción en el adulto. Puede...

  - Sonreír, decir «bubú», dar palmas. Con estas monerías consigue que sus padres se emocionen y se hinchen como sapos orgullosos. Sin embargo, al vigésimo «bubú», los padres ya no lo escuchan.
  - Llorar, gritar, vomitar y darse golpes. Con este efectivo repertorio obtiene toda la atención de sus padres, que corren a hacerle

compañía y mimitos. En realidad, no le pasa nada, únicamente quiere llamar la atención y no estar solo.

Por eso, cuando el niño no sabe conciliar el sueño por sí mismo y se siente inseguro, intenta que sus padres corran a su lado. Como ha comprobado que haciendo «bubú» nadie le atiende, probará con otra acción más contundente como puede ser vomitar, pero no debéis asustaros. Provocarse el vómito es muy sencillo para los bebés. Algunos aprenden rapidísimo y lo utilizan de forma muy efectiva para llamar la atención de los adultos. Pero no debemos caer en la trampa. Debemos acudir a su lado, limpiarlo y después seguir con la enseñanza del hábito, como si no hubiera sucedido nada. Cuando vea que vomitar no sirve para cambiar la actitud de los padres, dejará de hacerlo a los pocos días. También tenemos que actuar con tranquilidad si se da golpes. Aunque se trate de un comportamiento poco frecuente, que en principio puede asustaros, y con razón, no llegará a autolesionarse y abandonará esta práctica en cuanto se dé cuenta de que vosotros no le dais ninguna importancia.

ATENCIÓN AL LENGUAJE DEL LLANTO

La primera forma natural de comunicarse que tiene un bebé, desde que nace, es el llanto. Es su manera de decirnos: «Estoy aquí. Hacedme caso». Lo utiliza ante situaciones que desconoce (personas no habituales en su entorno) o ante nuevas enseñanzas, como cuando lo llevan por primera vez a la guardería y lo dejan solo frente a sus nuevos compañeros y su cuidadora. En este caso, puede llorar varias horas seguidas, pero los padres lo permiten, aunque se les parta el corazón, porque saben que es bueno para él y que no hay ningún niño que se haya traumatizado por ir a la guardería.

Las abuelas, con su sabiduría, dicen que es bueno que los bebés lloren porque se les «expanden los pulmones». A pesar de que no es científicamente cierto, esta idea indica que estas abuelas asumen que el llanto es algo natural en los niños y que no les perjudica llorar de vez en cuando.

Actualmente, sabemos que los niños lloran de dos formas completamente distintas:

Un niño puede llorar **con sentimiento** cuando tiene un trauma o cuando siente un dolor físico o psíquico (por ejemplo cuando no le hacemos caso varias horas). Es un tipo de llanto muy característico ante el que los padres y cuidadores siempre reaccionan.

También hay un llanto **de acción**, un grito que pocas veces va acompañado de lágrimas pero que siempre surte efecto en las madres. En este segundo caso, al niño no le pasa nada; sólo quiere que la madre o el padre reaccionen. En cuanto se le coge en brazos, se le acaricia o se hace lo que él desea, el niño se calla.

De los 18 meses a los 5 años, los niños adquieren una nueva arma: el lenguaje. Sin embargo, lo utilizan de un modo distinto a como lo hacemos los adultos. Para un niño de 3 años, la palabra es una acción más. Saben que al pronunciar determinados vocablos sus padres reaccionan inmediatamente. Después de mucho experimentar saben que...

– Un «mamá-Coca-Cola» a las dos de la mañana no tiene ninguna posibilidad de éxito.

- Con un «papá-sed» repetido veinte veces a las dos de la mañana el niño logra que el padre se levante de la cama a la vez veintiuna. Y, aunque sea imposible que tenga sed, cuando le den el vaso de agua se lo beberá. Lo hará sólo para que piensen «pues era verdad, pobrecito». De ese modo, también le harán caso el próximo día que utilice este recurso.
- Un «mamá-pupa-barriga» es infalible. Consigue que cualquier madre se abalance sobre su pequeño para comprobar que se encuentra bien.

CONCLUSIÓN: ¿Qué hará un niño cuando quiera que sus padres corran a su lado mientras le estamos enseñando que tiene que aprender a dormir solito? Está claro, utilizará las palabras más alarmantes y efectivas, aunque no tengan ningún fundamento y, en ocasiones, ni siquiera sepa qué significan exactamente. Serán: tengo sed, tengo miedo, tengo pipí, un besito... Cualquier cosa que sepa que produce una reacción en el adulto. Y sabe a quién dirigir las palabras: sabe que «Tengo pipí» es más efectivo en el padre y que «Tengo sed» lo es en la madre. Son tan listos que lo hacen desde los primeros meses de vida.

MUY IMPORTANTE: No sigáis leyendo si todavía no tenéis totalmente claros los conceptos teóricos que os hemos explicado hasta ahora. La enseñanza fracasará si no estáis completamente convencidos de todas las explicaciones que hemos expuesto. Si tenéis dudas, releed punto por punto.

RUTINAS RECOMENDADAS A PARTIR DE LOS SEIS MESES

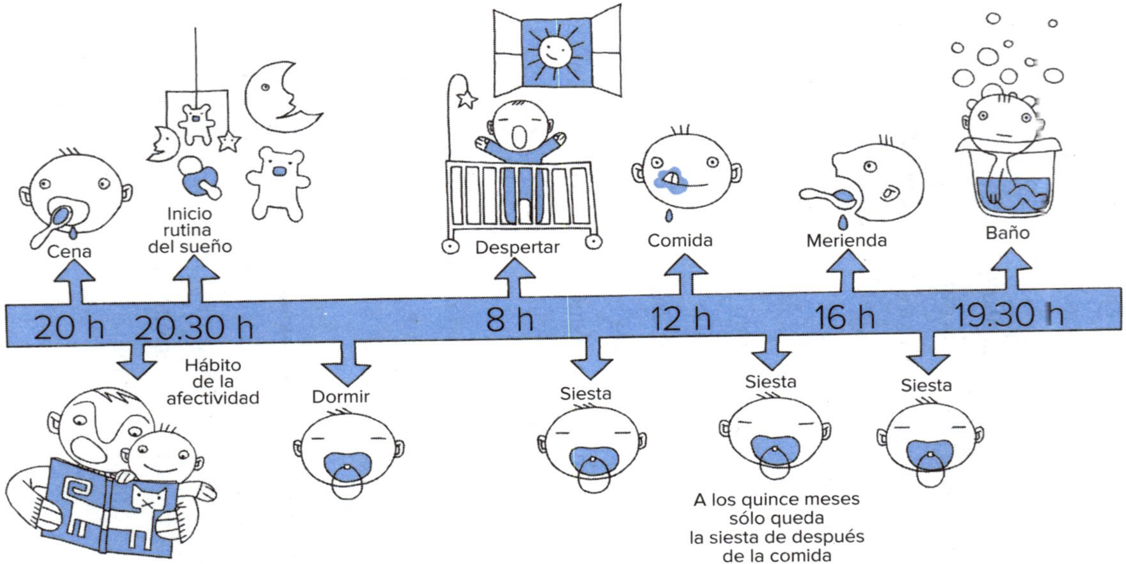

PARA ENSEÑAR EL HÁBITO DEL SUEÑO HAY QUE APLICAR EL MÉTODO, PASO A PASO

Ha llegado el momento de empezar a concretar cómo aplicaremos la teoría que hemos aprendido hasta ahora. Pero antes de hacerlo, debéis tener claro que no importa la edad de vuestro hijo. Es igual que tenga nueve meses o cuatro años y medio. Recordad que un hábito (comer, dormir, lavarse los dientes, ir en bicicleta o esquiar) es algo que se aprende a cualquier edad.

Y aún más importante: ¿estáis preparados para aplicarlo correctamente? Para averiguar vuestra buena disposición os animo a realizar el siguiente test y a valorar, según el resultado, si estáis dispuestos y listos para comenzar con el Método.

¿ESTÁIS PREPARADOS PARA SEGUIR EL MÉTODO? (Adaptado de un test del doctor Gonzalo Pin)

Tolerancia del trastorno	Madre	Padre
¿Es muy difícil para vosotros oírlo gritar o llorar durante un buen rato?	SÍ NO	SÍ NO
¿Es muy difícil devolverlo a la cama cuando se levanta y sale de la habitación?	SÍ NO	SÍ NO

Tolerancia de los horarios	Madre	Padre
¿Alguien de la familia no está dispuesto a acostarse tarde para aplicar el tratamiento?	SÍ NO	SÍ NO
¿Alguien de la familia no está dispuesto a levantarse pronto para aplicar el tratamiento?	SÍ NO	SÍ NO

Dificultad en la actitud	Madre	Padre
¿Os encontráis emocionalmente incapaces de ocuparos directamente de su enseñanza?	SÍ NO	SÍ NO
¿Os sentís culpables cuando tenéis que aplicar normas para enseñarle a dormir?	SÍ NO	SÍ NO
¿Pensáis que maltratáis a vuestro hijo cuando intentáis enseñarle un hábito?	SÍ NO	SÍ NO

Quizá al principio deis alguna respuesta negativa, pero no importa. Os animo a leer todo el libro y a examinar los resultados de la investigación científica que os ofrezco más adelante. Además, si creéis que vuestra actitud es el elemento negativo, lo importante es que toméis la decisión de intentar que no sea así.

PASO N.º 1: EMPEZAREMOS DESDE CERO

Para iniciar el tratamiento debemos partir de la premisa de que el niño ha nacido hoy mismo. Siempre comenzamos de cero. No importa cómo haya dormido hasta ahora. Lo que hayáis podido inventar para dormir al niño anteriormente no está ni bien ni mal, simplemente olvidadlo. A partir de ahora, sólo haréis lo que vamos a recomendaros. **Y recordad que lo que no especificamos no es por un olvido, sino porque no se puede hacer.** Por ejemplo, si os hubiéramos enseñado a dar de comer a un niño que hubiera nacido en Japón y que tuvierais que mudaros a un país occidental, os diríamos que os olvidarais del bol, de los palillos y de sentarlo en el suelo, como es propio de la costumbre nipona. Ahora lo sentaríais en una sillita y utilizaríais una cuchara y un plato. Así de sencillo.

PASO N.º 2: ACCIONES BÁSICAS ANTES DEL SUEÑO

Fijar unos horarios. Está comprobado que el cerebro de un niño concilia el sueño con mayor facilidad si le enseñamos a dormir en la franja horaria que va entre las 20 y las 21 horas en invierno y las 21 y las 22 horas en verano. En algunos países, estos horarios pueden adelantarse, según la cultura y cómo se organicen las rutinas.

Teniendo en cuenta estos factores, y en función de los otros hábitos, concluimos que la mejor hora para darle de cenar son las ocho de la noche (recordad que la comida nos ayuda a poner en marcha el reloj). Si no habéis bañado al niño por la mañana es mejor que lo hagáis poco antes de la cena.

En cualquier caso, en cuanto el niño acabe de comer, los padres retirarán todos los elementos externos asociados con el hábito de la comida, incluido el vaso de la leche, el zumo... Así el niño entenderá que la cena tiene su espacio de tiempo y que no deberá recurrir a las excusas de «tengo hambre» y «tengo sed» cuando se encuentre solo e inseguro en su habitación. Cada cosa en su momento. Por ejemplo, le damos leche para alimentarlo, no para que duerma. El biberón de leche es un elemento de la comida y no un elemento que debamos asociar al sueño. Por esto, si los padres creen que aún necesita este complemento nutricional, debe formar parte de la comida, como un elemento más de su alimentación.

Mentalización de «los profesores»: Adoptar una actitud firme y segura. Como ya explicábamos al analizar cómo enseñamos el hábito de comer a un niño, es fundamental que éste vea que sus padres se sienten seguros, que saben lo que hacen. Después de leer este libro y descubrir que existe un método científico para enseñar a dormir a los niños, vosotros no deberíais dudar, sino concentraros únicamente en aplicar el tratamiento tal cual, haga lo que haga el niño —y os aseguro que mostrará una gran inventiva—. Sólo si demostráis este convencimiento, el Método será efectivo.

PASO N.º 3: EL HÁBITO DE LA AFECTIVIDAD Y LA COMUNICACIÓN

Tras la cena, los padres dedicarán entre 10 y 15 minutos a compartir con el niño una actividad relajante y agradable. Se recomienda trabajar el hábito de la afectividad en el salón o en cualquier otra habitación que no sea el dormitorio. De este modo, remarcaremos que en su cuarto se duerme y nada más. Es bueno que advirtáis siempre al niño que este «hábito» dura un tiempo determinado y que, cuando nosotros lo indiquemos, nos iremos a dormir. Siempre debemos ser nosotros quienes marquemos los tiempos y las pautas. Nunca permitiremos que sea el niño quien imponga la duración de este hábito.

Entre otros, los elementos externos de la afectividad y la comunicación en este caso pueden ser los cuentos, las caricias, las canciones o los juegos tranquilos. Adaptaremos estas actividades a la edad del niño. En este rato intercambiaréis besos, risas y mimos, lo que deseéis. Él esperará este momento con ilusión. Sólo está desaconsejado ver la televisión, jugar con la consola o con algo que le excite demasiado.

Busquemos actividades que podamos hacer juntos, aunque a los padres, después de un día de duro trabajo, nos cueste. Pensemos en él, y no en nosotros.

Con este ratito, los padres le demuestran al niño cuánto le quieren y que se sienten felices con él. Es importante que lo sepa, para cuando empecemos a enseñarle el hábito de dormir correctamente.

PASO N.º 4: Y LE ENSEÑAMOS A DORMIR

1. *Preparamos el material para enseñar*

Elegiremos los elementos externos que acompañarán al niño durante todo el tiempo que permanezca en su cuna o en su cama y no los retiraremos mientras esté aprendiendo el hábito.

Los responsables de escoger esos elementos sois vosotros; el niño nunca puede proponerlos. Él es demasiado pequeño para entender el Método y hacer propuestas.

- Buscaréis **un muñeco** para que siempre duerma con él. Puede ser uno que ya tengáis o tal vez uno nuevo. En cualquier caso, sois vosotros quienes lo escogeréis, no él. Una vez os hayáis decidido, bautizad al muñeco con un nombre si aún no lo tiene. «Pepito» es un nombre sencillo para un niño, aunque no lo recomendamos si el padre, por casualidad, se llama José.

- Si el niño aún utiliza **chupete**, podéis esparcir unos cuantos por el colchón, para que así, si se despierta a medianoche y lo busca, le resulte fácil encontrar uno que llevarse a la boca.
- Inventaréis algún que otro elemento externo para que el niño pueda verlo en cuanto abra los ojos. Por ejemplo, el padre puede pintar y recortar **una luna** y pegarla en la pared y la madre puede colgar **un móvil**, que —como la luna— acompañará al niño todas las noches a una distancia prudencial para que no pueda tocarlo ni arrancarlo.
- A partir de los siete meses, el niño suele moverse más y se destapa con facilidad. Es totalmente normal y significa que el bebé madura adecuadamente. Para no tener que estar pendientes de él se recomienda acostarlo con **un pijama manta**, para que así siempre esté calentito y no tengamos que preocuparnos de ir a la habitación para arroparlo.

Igual que sucedía con la cuchara y el bol, el niño no tardará en asociar estos elementos externos al sueño y pronto le resultarán imprescindibles para conciliarlo. También los necesitará cada vez que se despierte a medianoche (algo que todos hacemos varias veces durante el sueño, aunque no lo recordemos al día siguiente). Por eso es tan importante que vosotros no seáis «elementos externos asociados a su sueño». Es decir, debéis desaparecer del cuarto antes de que el niño se quede dormido. No podéis ayudarle a conciliar el sueño meciéndolo, acariciándolo o haciéndole mimitos. Si lo hacéis, reclamará vuestra presencia en cada uno de sus despertares y no tendréis más remedio que instalaros en una buena butaca para montar guardia junto al quicio de la puerta.

Por este motivo, está **totalmente desaconsejado usar cualquier elemento externo que después tengamos que retirar (llegados a este punto ya lo tendréis clarísimo):**

- Cantarle.
- Mecerlo en los brazos.
- Mecerlo en la cuna (si se despertara a medianoche echaría de menos el vaivén y necesitaría que alguien volviera a mecerlo).
- Darle la mano.
- Pasearlo en cochecito.
- Darle una vuelta en automóvil.
- Tocarlo o dejar que nos toque el cabello.
- Darle palmaditas o acariciarle.
- Darle un biberón o amamantarlo para que calle.
- Llevarlo a nuestra cama.
- Dejarle trotar hasta que caiga rendido.
- Darle agua.

2. *Entramos en su habitación*

Una vez finalizado el trabajo del hábito de la afectividad, llevaréis a vuestro hijo a su dormitorio y le pondréis el pijama manta. Allí le estarán esperando los «ingredientes» que hemos preparado: «Pepito», el móvil, la luna y los chupetes (si los usa).

¿Qué vais a hacer ahora? Y fijaos en que digo «vais», no «va», porque el niño hará de todo y equivocadamente. No deberéis hacerle caso, sino sólo concentraros en reproducir el proceso que aquí explicamos:

- Acompañamos al bebé o niño a su cuna o cama diciéndole, con una voz dulce y tranquila, y una sonrisa muy amplia: «Amor mío, papá y mamá te van a enseñar a dormir solito. A partir de hoy dormirás aquí, en tu cuna, con el póster de la luna, el móvil y Pepito». El discurso debe durar unos 30 segundos, así que repetiréis esta letanía dos o tres veces como autómatas hasta completar el medio minuto. La importancia de pronunciar esta frase radica en el tono de seguridad de quien la pronuncie (el padre, la madre, los abuelos o la canguro). Una vez más, la clave es la actitud, que el tono suene amoroso, seguro y tranquilo. Tal vez —muy probablemente—, mientras le habláis de Pepito, el niño, que intuye la que se le viene encima, montará un escándalo horrible. Pero no por eso el adulto cambiará el tono de voz, ni se callará. Y mucho menos conversará con él. Se trata de un monólogo, jamás de un diálogo. El padre debe volverse sordo y ciego. No oye nada de lo que el niño dice y no ve nada de lo que el niño hace.
- **Ahora viene la parte más difícil.** Tumbaréis al niño en su cuna o camita y si se levanta, llora o protesta no perderéis los nervios. A estas alturas debéis estar completamente convencidos de lo que vais a hacer y vais a demostrárselo al niño, que se sentirá desconcertado ante el cambio. Luego, durante unos breves instantes, le acariciáis, pero enseguida os alejáis un poco de él y, uno de vosotros —el padre o la madre; es indiferente—, seguirá pronunciando la misma frase «pesada»: «Te queremos mucho y por eso te enseñamos a dormir. Entendemos que llores, porque estás aprendiendo, pero no pasa nada. Papá y mamá te quieren mucho y no te abandonan, están aquí a tu lado, cuidándote, para todo lo que necesites, pero ahora vas a dormir solito en tu cuna con los nuevos amigos, Pepito y los chupetes». No es necesario que éstas sean las palabras exactas. La idea de que estamos enseñándole, que entendemos que no sabe

dormir, que se siente mal y que le queremos es lo que debe articular nuestro pequeño monólogo. Recordad, somos sordos y ciegos. No contestamos a ninguna pregunta o propuesta que él nos haga. Sólo hablamos nosotros.

Llegados a este punto es cuando los padres sufren más si no tienen claro por qué y cómo están enseñando a dormir a su hijo. Si tenéis dudas, volved atrás y repasad los conceptos científicos que justifican vuestro comportamiento.

Recordad lo que hemos dicho anteriormente: los niños son tremendamente inteligentes y sabrán inventar protestas y realizarán acciones que os pondrán el corazón en vilo. Pero tampoco olvidéis que cualquier cosa que haga será equivocada; es demasiado pequeño para saber la importancia de aprender a dormir solo y lo único que expresa con su llanto es la incapacidad de dormir adecuadamente. El bebé no puede leer esto, no puede hacer lo correcto. Debéis llevarlo a cabo vosotros solos. Así que haced de tripas corazón, apagad la luz y salid del cuarto. Eso sí, siempre con una amplia sonrisa y repitiéndole que le queréis mucho, que estáis cerca por si necesita algo y que es el rey de la casa. Pero que a dormir se aprende tal como ellos le están enseñando. Siempre con actitud firme, pero muy afectiva.

Tras este discurso, saldréis de la habitación. A partir de este momento, debéis tener los nervios de acero, porque las dos primeras noches del tratamiento son duras. Lo que más ayuda a superarlas es pensar que, a menudo, a la tercera, nuestro hijo empezará a dormir plácidamente. Hasta que esto ocurra debéis hacer lo siguiente:

- El niño llorará. Este llanto es su forma de indicarnos que no sabe llevar a cabo su hábito solito y que está aprendiendo. No es un llanto de sufrimiento, simplemente es un llanto de comunicación. Podéis echar otro vistazo al recuadro de las páginas 37-38.

- **Vosotros no lo abandonáis**, pues al cabo de un minuto exacto, entraréis en su cuarto para tranquilizarlo. No podéis dejar que el niño se harte de llorar; un niño no puede aprender un hábito él solo. ¿Verdad que cuando os enseñaron a esquiar o a nadar siempre había alguien pendiente de vosotros? En este caso sucede lo mismo, pero la manera de estar «pendiente» no consiste en que permanezcáis a su lado. Si lo hicierais os convertiríais en un «elemento externo asociado al sueño» del niño y deberíais quedaros con él hasta la mañana siguiente. Lo que se hace en este caso es **realizar unas visitas breves al dormitorio para tranquilizar al niño**. Debe percibir que no le abandonamos, que simplemente le cuidamos y le enseñamos a dormir. Nada más.
- **Durante estas visitas cortas os colocáis a su lado, le acariciáis suavemente** y no hacéis nada, excepto repetir la frase que hemos citado anteriormente tocándolo con cariño con la mano, para que vea que seguimos firmes en nuestra posición, pero que somos muy cariñosos y mantenemos la sonrisa en la cara. Es muy difícil, pero sois vosotros los que tenéis la responsabilidad de hacerlo bien.
- La primera vez, la frase se alargaba hasta los 30 segundos, pero a partir de la segunda (la primera visita), no durará más de 10 segundos. No obstante, la pronunciaréis con el mismo tono sereno y calmado de la primera vez. Se trata de que el niño adquiera seguridad en su hábito y concilie el sueño por sí mismo; debéis evitar por todos los medios que se sienta regañado, castigado o abandonado. Por lo tanto, recordad que si entráis en la habitación no es para que el niño se calle, tampoco para que se duerma, sino para que vea que

no le abandonamos, que continuamente estamos a su lado, dándole afecto.

- **Las visitas se repetirán cada vez que sea necesario.** Entrará siempre el cónyuge que esté más tranquilo. Es importante turnarse para que el niño vea que los dos hacéis las mismas cosas. Si el niño sigue llorando o gritando, cosa que con toda seguridad hará, volveréis a la habitación al cabo de 3 minutos. Y si la situación no mejora, esperaréis otros 5 antes de entrar de nuevo. Durante la visita, siempre haréis lo mismo: recitaréis la frase y después os marcharéis. Nunca entablaréis un diálogo con el niño ni prestaréis atención a sus protestas. Ahora sabéis que sólo utiliza estas acciones para conseguir una reacción. En realidad, no le pasa nada. Por consiguiente, no os asustaréis ni flaquearéis en ningún momento, ni siquiera aunque el niño vomite o se dé golpes. Parece difícil, pero si aguantáis sin hacer ni una sola excepción vuestro hijo dormirá de un tirón en pocos días. Y también vosotros.

Las siguientes visitas, hasta que se duerma, serán de 5 minutos el primer día. No aumentaremos el tiempo. El número de minutos que esperemos para entrar no es lo más importante. Si os cuesta resistir, podéis reducir los tiempos, pero siempre deben ser progresivos.

El primer día, tal vez tarde dos horas en dormirse, pero vosotros cada 5 minutos entraréis en la habitación, con la misma actitud y el mismo discurso. Al final se dormirá, pero es muy normal que vuelva a despertarse durante la noche. Cuando esto suceda, tenéis que actuar como si fueran las 9 de la noche, es decir, repitiendo exactamente la misma rutina. Os levantáis, acudís a su lado y le habláis con voz dulce y amorosa usando las mismas frases. Os costará, en particular si al día siguiente tenéis un día duro de trabajo. Sin embargo, debéis hacer lo mismo cada vez que se despierte durante la noche, hasta que llegue la hora en que habéis decidido despertarle para empezar el día. Es necesario hacerlo. Recordad que sólo será cuestión de unos días si lo hacéis bien.

Pronunciad vuestra frase con la máxima dulzura, serenos pero rigurosos, sea la hora que sea. Veréis cómo no es tan difícil. Si estáis convencidos de lo que hacéis no transmitiréis ansiedad ni duda, y muy pronto el niño comprenderá que «no pasáis de él», que sois cariñosos, pero que sabéis lo que hacéis y nadie podrá convenceros de que dejéis de hacerlo.

A continuación, os mostramos un esquema de los **intervalos de tiempo** que debéis esperar entre una visita y otra, durante los días que dure el tratamiento. **Como hemos comentado, son totalmente orientativos.** Podéis adaptarlos según os convenga y reducir los tiempos, aunque siempre es aconsejable seguir una progresión, como vemos en el segundo recuadro. Lo importante no es el tiempo que esperéis a entrar en la habitación para enseñar a dormir a vuestro hijo,

TABLAS-GUÍA DE TIEMPOS PARA HACER LAS VISITAS AL DORMITORIO DEL NIÑO				
Días	1.ª Espera	2.ª Espera	3.ª Espera	Esperas sucesivas
1	1'	3'	5'	5'
2	3'	6'	9'	9'
3	5'	10'	15'	15'
4	6'	11'	17'	17'
5	7'	13'	20'	20'
Siguientes	8'	15'	23'	23'
Seguir igual hasta que se duerma solito	8'	15'	23'	23'

sino lo que hacéis cuando estáis con él, y recordad que para transmitirle seguridad sólo debéis repetir la frase: «Los dos te queremos mucho y por eso te enseñamos a dormir. Entendemos que estás enfadado porque todavía no sabes hacerlo bien, pero ya aprenderás».

Vuestro hijo se quedará dormido. Sí, sucederá. Habrá comprendido que no tiene nada que hacer, que sus padres no le abandonan —porque entran continuamente a verlo—, pero que no atienden ninguna de sus demandas.

Recordad: hasta que aprenda a dormir solo es muy probable que vuelva a despertarse en mitad de la noche y reclame nuestra presencia llorando. Si hasta este momento el niño estaba acostumbrado a conciliar el sueño acompañado por uno de los padres, es muy probable que lo eche de menos —hasta ahora era su elemento externo, pero de aquí en adelante lo será Pepito—. Cuando ocurra, volveréis a repetir las visitas en los intervalos establecidos y recitaréis el que para vosotros ya será el conocido estribillo, siempre con la misma dulzura y serenidad, aunque el reloj marque las cuatro de la madrugada. En ningún momento perderéis el control. No os enfadaréis ni prestaréis atención a sus acciones. Repetiréis la frase tranquilizadora, independientemente de la hora que sea, las doce de la noche o las cinco de la madrugada.

UN COMENTARIO IMPORTANTE: Esta forma de enseñar a dormir a los niños se pone en práctica en todo el mundo y está avalada, como hemos comentado anteriormente, por las sociedades científicas más prestigiosas de pediatría y sueño. Está totalmente demostrado (consultad la bibliografía al final del libro si deseáis tener más información) que no causa ningún tipo de trauma ni consecuencia si la aplicáis correctamente. Un niño nunca se traumatiza por aprender bien un hábito. No hay niños traumatizados por comer la sopa con cuchara, lavarse los dientes con un cepillo o ir a la guardería. Y todavía menos por dormir correctamente. Es justo al contrario: un niño que no ha aprendido a dormir arrastrará las consecuencias de esta carencia toda su vida (en la página 23 indicamos las consecuencias que tiene para los niños dormir mal). Los niños que han aprendido a dormir bien son mucho más felices, tanto ellos como sus padres.

¿CON QUÉ SITUACIONES PODÉIS ENCONTRAROS DURANTE EL TRATAMIENTO?

Que se le caiga el chupete: Es muy habitual en los primeros meses. No saben ponérselo. Para facilitarle la labor, colocaremos cerca de él cinco o seis chupetes. Cada vez que llore porque se le ha caído el chupete, debéis acudir a su lado para ayudarle a ponérselo. Poco a poco, aprenderá a buscarlo. Cuando tenga 7 u 8 meses, podéis hacer prácticas durante el día, como si fuese un juego. Le colocáis el chupete en la mano y, guiando su bracito, se lo acercáis a la boca. Veréis que en poco tiempo aprenderá a ponérselo solo. Son muy listos y aprenden rápido.

Que vomite: Algunos niños lo hacen. Para ellos es muy fácil provocarse el vómito. No os asustéis. Os ponéis a su lado, muy tranquilos, y le decís con dulzura y con calma (no importa la edad que tenga, ellos captan vuestra sensación de seguridad): «Ahora estás muy enfadado porque te enseñamos a dormir, pero no pasa nada, papá te cuida». Le limpiáis el vómito (recordad que si esto ocurre de madrugada tenéis que pensar en este libro, maldecidme si queréis, pero el niño debe ver una cara tranquila y sonriente, segura y plácida) y le volvéis a repetir la frase que ya os sabéis de memoria —«Te quiero mucho, te enseño a dormir...»— y volvemos a aplicar la tabla de tiempos. Por cierto, no es necesario darle de comer de nuevo.

Esta situación puede ser muy angustiosa para los padres, pero no lo es en absoluto para el niño, así que puede repetirla varias veces. Vosotros siempre debéis actuar de la misma manera, tantas veces como sea necesario. El niño aprenderá que, si el vómito no causa un cambio en vuestra actitud, no hace falta provocárselo. Todo depende de vosotros.

Que salga de la habitación: Cuando el niño ya duerme en su cama, es muy habitual que mientras le enseñamos a dormir quiera salir de su habitación. La cuna donde había dormido hasta ahora limitaba el espacio donde él está aprendiendo a dormir, pero cuando pase a la cama ya no existirá este límite. Os recomiendo poner una barandilla en la puerta, como las que venden en cualquier casa de muebles infantiles, lo suficientemente alta para que no se la salte (son muy listos y aprenden a superarla subiéndose a cualquier caja o silla que tengan en la habitación). La barandilla será un elemento más de su habitación, como las cortinas o los dibujos que cuelguen de la pared. Nunca debe entenderla como un castigo. Por lo tanto, no le diremos que ponemos la barandilla para que no salga. Simplemente, le explicaremos que es un elemento de decoración que los papás han decidido que esté en su habitación, como cuando decidís colgar un cuadro, una nueva lámpara o una cortina.

El niño tendrá las mismas conductas cuando aprenda a dormir, es decir, que se levantará de la cama y se dirigirá a la barandilla, con gritos, llanto y pronunciando frases (para recordar cómo utiliza el lenguaje, volved a las páginas 37-38). Esperaréis el tiempo establecido y entraréis con la misma actitud de siempre repitiendo las palabras clave «Te queremos mucho, te enseñamos a dormir...»— y le acomodaréis de nuevo en su cama. Siempre el mismo proceso, las veces que sea necesario.

Atención, porque algunos niños se quedan dormidos junto a la barandilla. **Esto no nos conviene en absoluto.** No se trata de que se duerma de cualquier forma. Si esto sucede, entraremos y le acompañaremos de nuevo a su cama, aun a riesgo de que vuelva a despertarse. No importa. Queremos enseñarle a dormir de manera correcta, no de cualquier manera.

Que esté enfermo: Durante los cinco primeros años de vida, los niños padecen a menudo pequeñas enfermedades, en especial de las vías respiratorias. Los mocos y la tos son dos compañeros habituales para él. Es muy normal. Cuando uno de estos procesos provoca fiebre, es posible que el niño que ya ha aprendido a dormir bien vuelva a despertarse o a dormir mal. Entonces, hay que acudir a su lado, tomarle la temperatura, darle lo que el pediatra ha indicado y después volver a dejarlo en la cama; si es necesario aplicaremos la tabla de tiempos. Es muy probable que la fiebre le provoque sed. Podéis comprobar muy fácilmente si ése es el problema: después de lavaros a conciencia el dedo, se lo ponéis en la boca. Si está muy seca, le daréis un poco de agua. Pero, atención, es agua para la boca seca, no para que se duerma.

Prestad atención, porque los niños son muy listos y no son conscientes de estar enfermos. Pueden estar a 39 ºC y seguir corriendo por la casa. Desconocen cuándo ha terminado su enfermedad, y puede seguir despertándose sólo para que sus padres, como en los días anteriores, acudan a su lado cuando los reclamaba. Sois vosotros los que tenéis que saber cuándo ha acabado el proceso patológico y volver a emplear el Método si es preciso.

Que tenga recaídas: Es muy normal que, después de dormir bien unos días, vuelva a despertarse de vez en cuando. No pasa nada. No es que retrocedamos. Tened paciencia. Está consolidando el hábito y debemos seguir enseñándole. Si eso ocurre, hay que volver a aplicar el Método, siempre con los tiempos del primer día, y las veces que requiera la situación. Algunos niños son más resistentes al aprendizaje y necesitan a los mejores maestros, a vosotros, los padres. Las recaídas suelen aparecer cuando hay algún cambio en sus rutinas: si hay alguna persona nueva en la casa, si va a pasar unos días con los abuelos, si está enfermo (como explicamos en el punto anterior). No pasa nada. Recordad: debéis aplicar de nuevo el Método.

Que llore cuando lo dejáis en la cuna: También es muy frecuente, sobre todo los primeros días. No pasa nada. Seguid aplicando el Método con paciencia y con la tabla de tiempos que corresponda. Siempre empezando por el primer día. Al final, aceptará que dormirse él solo es bueno y normal.

Carácter: Muchos padres piensan que su hijo duerme mal porque tiene un carácter muy inquieto. Esto no es cierto, en absoluto. El razonamiento es el siguiente: dormir es un hábito, como comer la sopa con cuchara o lavarse los dientes con un cepillo. Mi pregunta al respecto es: ¿un niño tranquilo aprende a comer la sopa con cuchara? La respuesta es SÍ. ¿Y un niño nervioso? Pues también, SÍ. ¿Un niño tranquilo aprende a lavarse los dientes con un cepillo? La respuesta es sí. ¿Y un niño nervioso? También. ¿Y un niño tranquilo aprende a dormir bien? La respuesta, naturalmente, es sí. ¿Y un niño nervioso? También debe ser sí. La única diferencia entre un niño más nervioso y uno tranquilo es que el niño más sosegado acepta con más facilidad las normas del hábito que le estamos enseñando. El niño más inquieto ofrece mayor resistencia y precisa de más insistencia para enseñarle. En definitiva, necesita a los «mejores maestros», es decir, vosotros. Por lo tanto, el carácter del niño no influye. Si el niño es más nervioso, sólo deberéis tener más paciencia, insistir y ser más firmes con las normas. Al final, los niños tranquilos y los niños inquietos duermen bien, al igual que comen la sopa con la cuchara o se lavan los dientes con un cepillo. Sólo depende de vosotros.

Que se quejen los vecinos: Otra situación frecuente: en las casas actuales, en las que las paredes son casi de papel, los ruidos son un problema importante. Conocemos todas las rutinas de nuestros vecinos. Sabemos cuándo ejercen sus rutinas, y algunas son muy ruidosas, por cierto, aunque parezca que se lo pasan muy bien. El llanto de un niño durante la noche puede ser muy molesto, tanto para los padres de la criatura como para vuestros vecinos. Muchos padres son reacios a enseñar a sus hijos por esta circunstancia.

Lo mejor es pactar con los vecinos. No cuesta nada explicarles que vais a enseñar a dormir a vuestro niño. Es posible que durante unos días, menos de una semana si lo hacéis bien, oigan el llanto de noche, pero deben saber que le estáis atendiendo continuamente y que no le pasa nada. La mayoría de ellos lo entenderán y serán solidarios. Siempre habrá alguien más intolerante, pero las madres sabias siempre tienen recursos. Si no, leed esta historia verídica que me contó una de ellas:

Mis vecinos eran un poco quisquillosos, pero yo tenía claro que iba a enseñar a dormir a mi hijo, por su bien y por el nuestro. Hablé con la vecina y me inventé una historia. Le expliqué que mi hijo tenía un dolor de oídos muy fuerte, especialmente durante la noche. Seguía un tratamiento indicado por el pediatra y durante unos días debíamos tener paciencia. Si no mejoraba, tendríamos que operarlo. Al segundo día de tratamiento, me encontré a la vecina y me comentó que el niño debía de estar pasándolo muy mal con su dolor de oídos, porque lo habían oído llorar un poco. Yo le confirmé que estábamos siguiendo el tratamiento prescrito por el pediatra y que esperábamos que en pocos días el niño mejorara. Al cabo de una semana, me encontré a la vecina y me dijo: «¡Qué suerte que ya no tengan que operar al niño! Hace dos días que ya no le oímos llorar». Yo sonreí y pensé que la mentira piadosa había dado resultado.

ENSEÑAR EL SUEÑO DE DÍA. LAS SIESTAS

Las siestas diurnas son esenciales porque complementan las necesidades de sueño que tiene el niño durante las 24 horas. Aproximadamente hasta los 2 años duermen tres siestas: una después de desayunar, otra después de comer y una más corta después de la merienda. Esta última es la primera que desaparecerá cuando crezca. A los 3 años, es probable que ya sólo duerma la siesta de después de comer. Puede ser larga, de 2 a 3 horas, según el niño, y debe mantenerse hasta los 5 años.

El niño que duerme sus siestas correctamente, duerme mejor durante la noche. No es cierto que por no echar las siestas esté más cansado y descanse mejor de noche. Al contrario. Las abuelas sabias suelen decir que el sueño trae sueño. Y tienen toda la razón.

El sueño de día (la siesta) debe desarrollarse igual que el sueño de la noche. En la misma habitación, sin ruido y sin luz, con una rutina idéntica a la que aplicamos para enseñarle a dormir de noche, que incluye la repetición de la frase conocida: «Te queremos mucho, te enseñamos a dormir», y siguiendo la tabla de tiempos. No debemos introducir cambios; de lo contrario, el niño no sabrá por qué un día se duerme de una manera y otro día, de otra. Ocurre lo mismo que con cualquier otro hábito. ¿O acaso vosotros coméis un día en la mesa, el siguiente en el baño, el otro en el balcón y el otro en el coche? Pues es lo mismo para ellos y para su sueño.

MÁS SITUACIONES CONFUSAS QUE PUEDEN DARSE EN LAS SIESTAS

Que se duerma en el coche: Suele pasar más en los trayectos largos que en los cortos. Incluso, es casi un respiro para los padres. El leve vaivén del coche y la temperatura agradable suelen propiciar el estado de somnolencia en los niños. Nos ocurre incluso a los adultos si vamos cortos de sueño. No pasa nada. Dejad que duerma. Sólo tenéis que procurar, en los trayectos largos, que el sueño coincida con sus horas de siesta. Programad vuestros viajes de manera que coincidan con las horas de siesta de vuestro hijo. Es mejor viajar a la hora de su sueño de día, para que no se altere su ritmo.

Que se duerma en los paseos: Seguro que habéis visto a muchas madres sentadas en el parque zarandeando el cochecito del niño y leyendo una revista o hablando con otras madres. Aunque vosotras disfrutéis de ese momento, no es en absoluto beneficioso para el niño. Pensad en lo siguiente: el paseo sirve para que el niño entre en contacto con su entorno, para que le dé el aire y la luz, y asimile estímulos externos del mundo en el que vive. Si el niño está durmiendo, será como si el mundo no existiera y el paseo será en balde. Recibirá la luz del día, pero ninguno de los otros factores interesantes que precisa para ir madurando.

Por lo tanto, es mejor que busquéis un parque lo más cerca posible de vuestra casa. Si no lo hay, un banco en la calle frente a vuestro portal será suficiente. Mantened al niño despierto. De ahí que el trayecto hasta el lugar donde recibirá los estímulos que os hemos comentado sea lo más corto posible. Una vez llegados al lugar, lo despertáis si se ha dormido. Incluso podéis cogerlo en brazos si es necesario, para que os mire y escuche vuestra voz, aunque no entienda aún vuestras palabras. Mantenedlo así mientras dure el paseo. Ya sé que resulta más agotador para vosotras, pero lo estamos haciendo en beneficio del niño. Si el niño asocia paseo con sueño, será una mala rutina, y después no querrá o no podrá dormir cuando le toque por su horario. Recordad que el paseo lo hacemos para el bien del niño, no para que los padres descansen.

CÓMO CONSEGUIR QUE NUESTRO HIJO SE DESPIERTE MÁS TARDE A PARTIR DE LOS 3 AÑOS

A medida que vuestro bebé se va convirtiendo en un niño, la negociación admite más posibilidades. En caso de que seáis lo suficientemente hábiles, claro. En ese tira y afloja se incluye que os deje dormir un poco más. Lo decimos porque parece que vosotros seáis los hijos y él el padre, ya que casi siempre decide él. Pero, sí, existen formas de conseguir un par de horas más en la cama —que el niño espere más de dos ya es mucho pedir.

Cuando un bebé se despierta es porque ha cumplido con su ciclo de sueño, así que pocas cosas harán que no quiera levantarse; pero si os acercáis, le alimentáis, cambiáis los pañales y le dejáis con algún juguete, puede entretenerse solito y despierto sin problema... y vosotros podéis echar una cabezadita. Pero a partir de los 3 años, cuando ya comprende algunas normas, está en vuestra mano ganar esas dos horas de descanso. ¿Cómo? Con el JUEGO DEL RELOJ:

- Tomáis un reloj que no esté cubierto por un cristal y colocáis un adhesivo sobre la hora en que queréis que el niño os despierte (si normalmente él se despierta a las 8, pegad el papelito sobre la manecilla de las 10).
- Dibujad en una tira de papel un calendario semanal representado por siete casillas: una para el lunes, otra para el martes, y así sucesivamente. Las casillas del fin de semana deben ser de un color distinto, para que vuestro hijo las diferencie.
- Cada día jugaréis con el niño a señalar el día de la semana: «Hoy es miércoles», «hoy es jueves»... El viernes le recordaréis que el día siguiente tiene un color distinto y que, por lo tanto, es un día diferente y especial. El sábado y el domingo él será el encargado de despertar a los padres cuando la manecilla del reloj esté justo sobre la pegatina (¡a las 10!). Podéis hacer lo mismo en las vísperas de festivos.
- El discurso será el siguiente: «Cuando el palito llegue al adhesivo, puedes venir a buscar a los papás, darnos besos y celebraremos una fiesta muy especial».

Trucos para que el niño aprenda a esperar: Es muy importante que el día anterior, ya sea viernes o víspera de festivo, dispongáis el escenario del juego. Le explicaréis a vuestro hijo que prepararéis juntos el desayuno del día siguiente, para ayudarle a esperar hasta que la manecilla del reloj alcance la hora que deseáis (nunca se deben superar las dos horas después de su despertar habitual). Prepararéis con él una mesita en su habitación, donde pondréis su zumo o su batido preferido, con algunas galletas (aquellas que están *prohibidas* y sólo toma en ocasiones especiales). Vosotros, los padres, sois los que sabéis qué cosas le gustan más para ese desayuno especial.

También colocaréis en la mesita su juego o cuento preferido y, si le gusta colorear, un estuche con sus colores predilectos y algún material didáctico. Siempre debe tener a mano algo especial, algo que no usa normalmente. Preparadlo con él, que participe.

Luego, le explicaréis que al día siguiente, cuando se despierte, no tiene que llamar a los papás ni ir a su habitación. Simplemente tiene que mirar el reloj y comprobar dónde está la manecilla. Si todavía no ha llegado a las 10 (esto será lo más probable), debe esperar y empezar a desayunar, pintar y jugar con los elementos que habréis preparado con él el día anterior.

El primer día del juego, es muy posible que el niño ya esté en vuestra habitación diez minutos después de haberse despertado. Se habrá zampado el magnífico desayuno especial que le habréis preparado y estará listo para la fiesta. Paciencia, es una prueba de que el niño es inteligente. Pero vosotros, con toda la calma del mundo, le acompañaréis de nuevo a su habitación y le enseñaréis que la manecilla del reloj todavía no ha llegado a las 10 (hasta la pegatina). Es posible que ganéis algunos minutos suplementarios de sueño. Si no es así, no desesperéis y recordad que está aprendiendo y que si repetís la rutina del juego durante varios días, él aprenderá correctamente y vosotros tendréis el premio de esas dos horas de sueño de más.

La fiesta para celebrar que ha aprendido: Aquí tenéis que demostrar vuestro ingenio. Preparad globos y escondedlos debajo de la cama. Tened música a punto para amenizar la situación. Y algunas pinturas para pintaros la cara o máscaras divertidas. Cualquier cosa que para el niño resulte diferente y original. Cuando se presente en vuestra habitación el día adecuado a la hora adecuada, levantad las persianas y, con vuestra mejor sonrisa, lo recibís. Sacáis los globos de debajo de la cama y lo festejáis con vuestro hijo. Si lo hacéis bien, os resultará muy gratificante y él nunca lo olvidará. Estas experiencias se pueden repetir todos los festivos. Pero no repitáis siempre las mismas cosas divertidas. Exprimid vuestra imaginación. Pensad que sois niños por un momento.

Es importante que cumpláis con vuestra parte del acuerdo y que nunca lo mandéis de vuelta a su habitación con frases como «Espera un poco más» o, en ningún caso, «Acuéstate con nosotros un ratito e intenta dormir un poco más».

RECORDAD: Es esencial que vuestro hijo sienta que participa en el juego. Comprad el desayuno del fin de semana y preparadlo juntos. Elegid conjuntamente el juguete o juego preferido para la espera.

También podéis trucar el reloj para hacer que la situación sea progresiva: cuando se despierte a las 8, adelantad el reloj a las 9 y tendrá la sensación de que queda menos para despertaros. Con el paso de los días, podéis ir manipulando el reloj hasta que el niño consiga esperar las dos ansiadas horas.

EL JUEGO DE DORMIR BIEN

Deberes	Juego/TV	Baño	Cena	Tertulia	Ir al baño	En la cama leyendo	En la cama durmiendo
1 ○	2 ○	3 ○	4 ○	5 ○	6 ○	7 ○	
8 ○	9 ○	10 ○	11 ○	12 ○	13 ○	14 ○	
15 ○	16 ○	17 ○	18 ○	19 ○	20 ○	21 ○	
22 ○	23 ○	24 ○	25 ○	26 ○	27 ○	28 ○	

Progresión de los incentivos 3-5-7-10...

Bien ☺

Mal ☹

2

SITUACIONES ESPECIALES: LOS NIÑOS GEMELOS, LOS NIÑOS ADOPTADOS, LOS NIÑOS CON PROBLEMAS, HABITACIONES COMPARTIDAS, VIAJES Y JET LAG

Ahora repasaremos algunos casos en los que la aplicación del Método puede presentaros dudas.

1. LOS NIÑOS QUE DUERMEN EN LA MISMA HABITACIÓN QUE SUS PADRES

Hay muchos padres que no tienen la posibilidad de contar con una habitación exclusiva para su hijo. Es normal y no debe preocuparnos. Basta con que destinemos un rincón de nuestra habitación para él, y que lo preparemos bien para que el niño lo reconozca como su espacio personal. En él situaremos la cuna, colgaremos un dibujo en la pared y algún muñeco, y poco más. Lo importante, aunque los padres tengan que dormir en una cama muy cerca, es que el niño no entienda la presencia de los padres como un elemento externo asociado a su sueño (revisad este concepto, en la página 31). El niño aprenderá con naturalidad y en poco tiempo cuál es su espacio para dormir.

2. LOS NIÑOS QUE DUERMEN CON SUS HERMANOS

Es otra situación normal y comprensible. Dormir con un hermanito es correcto y, por supuesto, habitual en muchas familias, ya sea porque no se tienen dos habitaciones o por decisión de los padres. No pasa nada.

En este sentido, se pueden dar distintas posibilidades:

- **El hermano mayor ya duerme bien y necesitamos enseñar al pequeño.** Podemos manejarlo bien aunque tal vez el hermano mayor se queje de que el pequeño le molesta con su llanto y no le deja dormir. De ahí que sea muy importante implicar al hermano mayor en la enseñanza del hábito para el pequeño. Debemos explicarle que llora porque no sabe dormir, y que necesitamos que nos ayude a enseñarle. Que, de vez en cuando, se quejará y que su manera de quejarse es llorar, que para él es como hablar, y que él junto con los papás sabrán cuidarle y enseñarle. Es básico que el hermano mayor esté presente cuando le habléis tranquilamente al pequeño, con las palabras de siempre («Te queremos mucho y te enseñamos a dormir»). Así el mayor comprobará que nuestra actitud es calmada y no se angustiará por el llanto de su hermano.

  Es muy probable que os cueste más aplicar el Método, porque el pequeño, que es muy listo, percibirá que los padres están un poco más preocupados si hay algún hermano en la habitación al que pueden despertar. Lo importante, de nuevo, es que conservéis una actitud dulce y firme. El hermano mayor se prestará a ayudar encantado cuando vea que es la manera natural de enseñarle a dormir.

- **Debemos enseñar a los dos hermanos a la vez. Da igual si tienen distintas edades o si son gemelos.** En esos casos, es muy importante que nos mentalicemos de que es como si hubiera un solo niño en la habitación. Lo normal es que uno aprenda antes que el otro, o lo que es lo mismo, al tener caracteres distintos, el que sea más tranquilo aprenderá antes. El de carácter más inquieto necesitará mejores maestros. Resulta esencial seguir el mismo proceso de enseñanza que hemos descrito en las páginas anteriores, y no importa que uno despierte al otro. El proceso será un poco más largo, pero al final conseguiréis que ambos duerman de forma adecuada.

Si los niños tienen edades distintas y uno duerme en la cuna y el otro en la cama, es importante colocar la barandilla en la puerta de la habitación para evitar que el mayor salga.

3. CUANDO NOS VAMOS DE VIAJE

Es conveniente que los primeros días en que estamos enseñando a dormir al niño no hagamos cambios en su entorno. Debe estar siempre en la misma habitación; los mismos elementos y seguir las mismas rutinas contribuirá al aprendizaje. Recordad que si lo hacéis bien, enseñarle sólo os llevará unos pocos días. El 90 % de los padres que aplican el Método lo logran en menos de una semana. Y en los casos en que no lo consiguen, no es por culpa de los niños.

Después de este período, podremos viajar donde queramos. No importa que sea a casa de abuelos, amigos o que nos alojemos en un hotel o un cámping. Lo importante es seguir un esquema de horarios similar, con la rutina afectiva antes de acostarlo y dejarlo despierto en la cama, como en casa. Lo único que no debéis olvidar es su chupete y su peluche o el elemento asociado a su sueño. Cuando lleguéis a la nueva habitación, tenéis que explicarle (aunque os parezca que no entiende nada) que estáis en otro lugar y que por eso hay otras cosas que le acompañan en la habitación. Lo aprenderá de inmediato. Recordad, una vez más, sólo depende de que vuestra actitud sea dulce y firme.

Muchas veces es difícil seguir las mismas rutinas en casa de los abuelos. Ellos intentarán «opinar» sobre la forma de enseñarle a dormir. No debéis dudar. Explicadles bien que le estáis enseñando a dormir y que os dejen actuar tal como vosotros habéis decidido. En pocos días os lo agradecerán.

Otra cosa distinta es cuando dejáis a los niños en casa de los abuelos. Los niños, que son muy inteligentes, suelen ser más manipuladores en casa de los abuelos, porque se dan cuenta de que pueden hacer algunas cosas que ellos les permiten y que sus padres no. No importa. No os enfrentéis a los abuelos, ni tan sólo preguntéis cómo ha dormido el niño, cuando vayáis a recogerlo al día siguiente. Simplemente, cuando el niño vuelva a casa, debéis cumplir con todas las rutinas, como siempre. Aprenderá pronto que en casa de los abuelos puede hacer algunas cosas distintas, pero que en casa se hacen como papá y mamá le enseñan. Sucede exactamente lo mismo, por ejemplo, en la guardería. Allí comen solos y en casa quieren que les den de comer los padres. En la guardería, duermen sin chupete y en casa lo piden... son muy listos, no lo olvidéis.

4. LOS NIÑOS TAMBIÉN TIENEN JET LAG

Al igual que los adultos, los niños pueden presentar trastornos de sueño cuando realizamos un viaje transoceánico. Por ejemplo, si viajamos con ellos de España a Estados Unidos. Calculad siempre el número de horas de diferencia que hay entre el país en el que vivís y el lugar adonde viajáis. Por ejemplo, si vivimos en Barcelona y nos vamos a Nueva York, cuando son las 8 de la noche, hora local, serán las 14 horas en la ciudad de destino. La diferencia es de seis horas.

Si el viaje es de pocos días, lo mejor es que intentéis cambiar lo menos posible los horarios del niño, es decir, que debéis seguir los horarios del lugar donde vivís habitualmente. Puede ser un poco complicado cuando no coinciden con los horarios de destino. Pero es lo mejor para el niño, sobre todo si es un bebé. Entiendo que parece muy exigente seguir los horarios del lugar de origen cuando estáis en el país de destino, pero es la única forma de no alterar demasiado el ritmo biológico del bebé. Por eso es mejor no viajar con bebés a países lejanos a menos que sea estrictamente necesario.

Si cambiáis de continente porque os mudáis, entonces lo mejor es planear también con antelación el cambio de horarios. Durante como mínimo diez días antes de partir modificaréis progresivamente las horas de las comidas y del sueño. Cada vez adelantaréis o atrasaréis una media hora, en función de si viajáis de este a oeste o al revés. De esta manera, el niño notará menos el cambio.

En la actualidad, disponemos de un buen recurso farmacológico, la melatonina, una sustancia que podemos administrar incluso a los bebés a partir de los 7 meses de vida. Vuestro pediatra os aconsejará sobre ello. Siempre debe ser él quien controle su uso. Tenéis que adquirir melatonina pura, y evitar la de origen animal o vegetal. La presentación debe ser en gotas. Le daremos al niño 4 gotas media hora antes de acostarse. Le ayudará a sincronizar el ritmo de vigilia-sueño. Seguiremos este tratamiento durante quince días y después veréis cómo ya no será necesario.

PAUTAS PARA CUANDO EL NIÑO DUERMA FUERA DE CASA

- **Salidas de fin de semana y vacaciones:** No es necesario que carguéis con más paquetes que los Reyes Magos para llevaros la habitación de vuestro hijo al completo. Pero nunca olvidéis llevaros su Pepito y sus chupetes (en caso de que siga utilizándolos todavía). Si el niño ya es mayorcito y puede comprender una conversación más o menos sencilla, le debéis explicar que la cama que utilizará durante los días que estáis fuera de casa es excepcional e insistiréis en que lo normal es dormir como lo hace cada día en su habitación.

- **En casa de sus abuelos:** Los padres educan a sus hijos, mientras que los abuelos miman a sus nietos. Pero los mimos, siempre tan recomendables y entrañables, pueden dar al traste con el tratamiento, por lo que es desaconsejable que el niño duerma en casa de vuestros padres o suegros durante las primeras noches. Esperad a que pasen al menos diez días desde que comenzasteis, para que vuestro hijo esté más que «acostumbrado» a dormir bien.

  Una vez superado el período inicial ya podéis dejar que los abuelos cuiden del niño sin agobiarles con un montón de instrucciones, porque, de todos modos, ellos harán lo que quieran. Así que bastará con que les expliquéis superficialmente los principios básicos del tratamiento: que les hagáis entender que la hora de irse a dormir es innegociable y que el niño debe dormir con su muñeco y sus chupetes (si los usa).

No os alteréis si después improvisan, porque el niño entenderá que la estancia con sus abuelos es tan excepcional como las vacaciones, y que el modelo que deben seguir, el que le da seguridad, es el que le enseñan sus padres.

Sería distinto si, por alguna circunstancia, vuestro hijo tuviera que dormir con sus abuelos a diario. En este caso, deberían seguir el Método a rajatabla, exactamente igual que vosotros. Si quien acuesta al niño todas las noches es la canguro, ésta también tendrá que seguir cada uno de los pasos explicados.

- **En la guardería:** Los cuidadores no distinguen entre unos niños y otros. Por el contrario, sus horarios y rutinas están muy organizados. Por este motivo, los niños se sienten seguros y duermen plácidas siestas. En todo momento saben qué harán sus «señoritas» —cada día lo mismo a la misma hora, en el mismo lugar y con los mismos elementos externos—. Así que en el colegio no hace falta explicar nada; sólo debéis concentraros en lo que haréis vosotros en casa, para que el niño sienta la misma seguridad y tampoco tenga problemas para echar la siesta.

5. LOS NIÑOS ADOPTADOS

Los padres con niños adoptados pueden tener algunas dificultades añadidas. Normalmente con niños que han carecido de afecto, por lo que la enseñanza de cualquier norma o hábito debe hacerse extremando el contacto afectivo. Pero eso no significa que no podamos poner normas, como con los demás niños.

Tendemos a sobreproteger a estos niños pensando que lo han pasado muy mal, y es verdad, pero en parte también ocurre porque seguramente es un hijo muy deseado para los padres. Sin embargo, estas circunstancias no deben cambiar las normas y rutinas de aprendizaje.

Debemos actuar de la misma forma, con horarios regulares de cena, hábito afectivo y rutinas de sueño. El niño aprenderá rápido, aunque para él todo sea nuevo. Debéis actuar como si hubiera nacido el día que llegó a vuestra casa, independientemente de la edad que tenga. Recordad que los hábitos siempre se pueden aprender, que no importa la edad que tenga el niño. Si vosotros estáis seguros y tranquilos, el niño lo agradecerá.

6. LOS NIÑOS CON PROBLEMAS NEUROLÓGICOS O PSIQUIÁTRICOS

Muchos niños con este tipo de problemas pueden padecer trastornos del sueño. Éstos son habituales en niños con síndrome de Down, con retrasos mentales, parálisis cerebral, autismo y, en general, con todas las alteraciones del desarrollo, tanto psíquicas como neurológicas.

Hay dos factores que explican estos trastornos. En primer lugar, su cerebro no sigue las mismas pautas de maduración que el de los otros niños. El desarrollo cerebral del control del sueño puede estar alterado.

También influye la forma en que los tratamos. Es lógico que queramos sobreprotegerlos. Es muy difícil, sobre todo al principio, aceptar a estos niños, aunque los queramos casi más que a un niño sin problemas. Pero lo cierto es que, con paciencia, los padres pueden enseñar los hábitos correctos, aunque quizá les cueste más tiempo.

Seguro que habéis visto a un niño que padece algún retraso o problema y sin embargo come la sopa con cuchara. Le han enseñado los padres y los educadores en la escuela. Y también aprenden buenos hábitos higiénicos, como lavarse los dientes. Pensad que con el sueño sucede de la misma manera. Aunque creamos que no nos entienden, debemos enseñarles las rutinas de sueño igual que a los demás niños. Les costará más aprenderlas, pero al final lo conseguiremos.

En estos casos es útil pedir consejo al pediatra. Existen algunos medicamentos que pueden ayudar a estos niños. Los pediatras los conocen bien y os indicarán la dosis y el período del tratamiento. La melatonina es una de estas sustancias (véase el apartado 4 de este mismo capítulo). Existen otras, pero deben ser estrictamente controladas por el médico.

FACTORES QUE INFLUYEN EN LA APLICACIÓN DE UNA METODOLOGÍA CORRECTA PARA CONSEGUIR BUENOS HÁBITOS DE SUEÑO EN NIÑOS CON PROBLEMAS NEUROLÓGICOS Y PSIQUIÁTRICOS

- *Cuidadores con mayor tendencia a la sobreprotección del niño* (totalmente comprensible por la carga emocional que supone tener un niño con esta problemática).
- *Dificultad por parte del niño para comprender las rutinas propuestas* (mucho menos grave de lo que en principio parece, porque la mayoría de los niños aprenden hábitos y rutinas básicas, como comer con cuchara, lavarse adecuadamente, etc.).
- *Características especiales de cada patología.*
  - En el niño hiperactivo es importante tratar no solamente las rutinas del sueño, sino también las del día.
  - En niños con ansiedad severa o trastorno obsesivo-compulsivo, el establecimiento de hábitos y rutinas puede empeorar la situación.
  - En los niños autistas el trastorno del sueño puede ser consecuencia de una fase retrasada de sueño. El tratamiento con melatonina, siempre según las indicaciones del pediatra, puede resultar adecuado.

3

¿Y SI HABÉIS INTENTADO SEGUIR EL MÉTODO SIN ÉXITO?

Aunque quizá cueste reconocerlo, además de identificar los posibles problemas del niño, también debéis preguntaros con total sinceridad si estáis preparados para aplicar el Método. En este punto, tenéis que plantearos si en el fondo pensáis que dejar al niño dormir solo es inadecuado o hasta cruel. Los fracasos en la aplicación de las normas se deben siempre a los padres y a los cuidadores, nunca a los niños.

Pero ante todo no debéis desanimaros. Repasaremos las situaciones que ofrecen problemas, como por ejemplo:

Porque el niño...

- Se ha puesto enfermo y toma medicación (véase página 56).
- Tiene algún problema de maduración o desarrollo (véanse páginas 74-75).
- Muestra un temperamento irascible (véase página 22).

Porque los padres y/o cuidadores...

- Se sienten inseguros. Esto es muy frecuente. A veces no es fácil reconocer que la culpa no es del niño, sino que nosotros somos incapaces de llevar a cabo unas rutinas correctas por algún problema emocional, relacional o sociocultural personal. Pueden existir madres o padres con una inseguridad manifiesta que les hacen particularmente vulnerables a la duda. Las madres o los padres inseguros son menos flexibles, menos cumplidores y se alteran más fácilmente. Al ser menos flexibles también resultan menos tolerantes y tienen más dificultad para aplicar el Método. Más adelante veremos que esta actitud de los padres se transmite al niño.

- Padecen alteraciones emocionales y psicopatológicas. Son frecuentes y fáciles de reconocer si somos sinceros. Las más habituales son:
  - Estrés familiar.
  - Depresión materna o paterna.
  - Separación patológica de la madre o el padre con relación al niño.
  - Actitud ambivalente de la madre o el padre (a veces no pueden separarse de él, y a veces desearían no haberlo tenido).
- Estas situaciones normalmente condicionan:
  - Cambios bruscos de actitud.
  - Sensación de culpa.
  - Sobreestimulación del niño.
  - Períodos en los que se ignora inconscientemente al niño.
  - Dificultades para mantener una conducta equilibrada.
  - Dificultades para crear hábitos adecuados.
- También pueden darse otras alteraciones emocionales secundarias:
  - Dificultades en la alimentación (es frecuente que el mal hábito del sueño y el mal hábito para comer estén relacionados). Las causas suelen ser la poca confianza en uno mismo, la inseguridad personal.

- Un aumento de la ansiedad por un problema puntual de los padres o del resto de la familia.
- Los problemas de pareja. Es obvio que toda situación de ansiedad creada por una mala relación de pareja influirá en el niño.

Todos estos problemas pueden provocar una falta de confianza en el Método y harán imposible o muy difícil su aplicación. Pero hay soluciones a estos problemas si somos capaces de reconocer que el problema lo tenemos nosotros y no el niño.

- Intentar, una vez reconocido el problema, superar la situación volviendo a leer cuidadosamente el Método, y discutiendo con la pareja las partes teóricas. Debemos dejar que sea el miembro de la pareja más preparado en cada momento quien aplique el Método.
- Si no creemos que podemos solventar la situación personal nosotros solos, debemos dejarnos ayudar por un psicólogo o psiquiatra que nos indique cuáles son nuestro puntos débiles.

Recapitulemos...

- Durante el primer año de su vida, los niños aprenden dos hábitos: comer y dormir. Son necesidades fisiológicas, pero para aprovecharlas y hacerlas bien, es preciso aprenderlas. Gracias a la asociación repetida de elementos externos con el acto que estamos enseñando, el niño irá ganando seguridad.
- Esta seguridad depende tanto de la asociación de elementos

externos como de la actitud de quienes le transmiten el hábito. Un niño siempre capta lo que el adulto le transmite. El niño no entiende palabras, sino que capta sensaciones. Traumatizamos a un niño cuando los adultos le transmitimos el trauma. Pensemos en las cunas de barrotes, que podrían parecerles una jaula. Sin embargo, no existe ningún niño traumatizado por haber dormido en una cuna de barrotes, porque nunca le han transmitido la sensación de que eso es negativo, sino todo lo contrario: es agradable.

▪ ¿Qué pasa si los padres lo hacen mal y dudan? Es habitual que la primera vez que le ponemos un plato de sopa delante el niño meta las manos en ella, al igual que escupe la primera cucharada que le introducimos en la boca. El padre no debe ni cambiar ni dudar, y al día siguiente tiene que volver a hacer lo mismo. Si este padre creyera que, ya que el niño ha comido mal el primer día, puede hacerle comer sentado en el orinal al día siguiente, y después en la bañera, al tercer día en el sofá... a los nueve meses tendría un niño inseguro con su hábito. Sin darnos cuenta, al repetir el mismo esquema transmitimos al niño nuestra seguridad.

▪ Los elementos externos asociados al hábito del sueño pueden ser demasiado diversos. Supongamos que le cogemos de la manita para que se duerma. Ése será el elemento externo que el niño asocie a su sueño. Una vez que se ha dormido, nos vamos. Pero ¿qué sucede si se despierta porque su reloj biológico todavía no está en hora y no ha aprendido a dormir seguido? Como no sabe hablar, reclama el elemento externo que ha asociado a su sueño, pero los padres, que desconocen esta situación, lo van variando: un día le dan agua, al segundo le cantan, al tercero le bailan, al cuarto le dan de nuevo la mano, al quinto lo llevan a su cama para que duerma con ellos... Sin querer, cambiamos los elementos externos que asociamos a su hábito. Y con ello, transmitimos inseguridad. Confundimos al niño en su aprendizaje.

- Un niño es un ser inteligente que se comunica con un adulto mediante lo que llamamos «acción-reacción». Los niños hacen cosas porque esperan reacciones de los adultos y, en función de ellas, el niño insistirá o cambiará de comportamiento. Las acciones que utilizan los niños para comunicarse con los adultos cuando están en una situación de inseguridad en su hábito de sueño son el llanto, el grito, el vómito y darse golpes.

- Gracias al sentido común y a las aportaciones de los pedagogos, somos conscientes de que los niños necesitan rutinas, algo que, si nos fijamos bien, también precisamos los adultos, puesto que siempre nos sentimos más seguros cuando sabemos lo que va a pasar. Los niños necesitan rutinas para antes de ir a dormir, así que es preciso tener en cuenta que es muy importante separar el hábito de la cena del hábito del sueño. Cuando el niño termina de comer, debemos crear un espacio de tiempo que llamamos «hábito de la afectividad o de la comunicación»: sentamos al niño en el regazo o en el sofá y le cantamos canciones, le contamos cuentos, etc. El objetivo no es que se duerma, sino transmitirle afecto y amor.

- Para aplicar el Método, debemos tener muy claro que dormir es un hábito y que podemos enseñárselo a nuestros hijos. Esta enseñanza se basa en estos tres conceptos: asociar al sueño elementos externos adecuados y dejárselos mientras dure el hábito (un muñeco, chupetes si los usa, un móvil); el niño capta siempre lo que le comunicamos (debemos adoptar una actitud segura y confiada), y un niño se comunica mediante el principio de acción-reacción (hay que entender su lenguaje a través del llanto, el grito, el vómito o darse golpes, como hemos dicho).

El Método consiste en seguir una rutina determinada basada en una actitud firme, pero también afectuosa. Por ello, debemos determinar unos horarios para que el niño se prepare para ir a dormir, podamos interactuar con él y crear un hábito afectivo y de comunicación —que no sirve para dormirlo, insistimos, sino para reforzar la idea de que le queremos y que no deseamos abandonarle ni que sufra—. Después, le dejaremos en su cuna o en su cama, pronunciaremos un pequeño monólogo centrado en la idea de «los papás te queremos mucho y por eso te enseñamos a dormir bien», sin entablar una conversación ni atender a sus preguntas, y saldremos del cuarto. A partir de este momento, aplicaremos una tabla de tiempos que regulará cuándo debemos volver a la habitación a calmar al niño sólo con nuestra presencia y sin cogerlo en brazos ni tocarlo, e insistiendo en el discurso firme y explicado con dulzura.

Es obvio que podemos encontrarnos con diversas situaciones que pueden entorpecer la aplicación del Método, como que se le caiga el chupete, los vecinos se quejen, el niño se enfade o vomite, pero para cada inconveniencia existe una solución que se resume en que mantengáis la calma y reconduzcáis la situación según el discurso y la tabla de tiempos.

Asimismo, existen situaciones especiales que exigen algunas puntualizaciones para seguir el Método. No debéis preocuparos en exceso. Si el niño duerme en vuestra habitación, crearéis su propio espacio dentro de ésta y le enseñaréis que sólo debe dormir en ese espacio; si enseñáis al pequeño y duerme con su hermano mayor, es bueno que el mayor participe en el proceso, para que entienda los llantos de su hermanito; los niños gemelos o de distinta edad que aprenden a la vez tienen cada uno su carácter y debéis tener en cuenta que, según sean más inquietos o tranquilos, tardarán más o menos en aprender a dormir (pero finalmente lo harán sin problema). Los niños con problemas psíquicos o neurológicos también precisan otro ritmo de aprendizaje, pero están completamente capacitados para aprender a dormir. Por último, si vais a viajar o vuestro hijo duerme fuera de casa, podéis explicarle que la rutina no tiene por qué cambiar. Además, empezaréis a adaptar los horarios con antelación, y si así lo prescribe el pediatra, con la ayuda farmacológica de la melatonina.

SEGUNDA PARTE

LA INVESTIGACIÓN CIENTÍFICA DETRÁS DEL MÉTODO O POR QUÉ HEMOS LLEGADO HASTA AQUÍ

4

NO ESTROPEEMOS LAS COSAS: NOS ADAPTAMOS A LOS RITMOS DEL BEBÉ

¡Muy interesante! La ciencia desvela cómo dormimos cuando estamos dentro de la barriga de nuestra madre.

Nada mejor que empezar a asentar unas buenas rutinas del sueño desde el inicio, es decir, desde el primer día que pasáis con el bebé. Para ello, debemos entender que dormir no es una novedad para él; la ciencia nos demuestra que el feto duerme. Así pues, la llegada a este nuevo mundo supondrá un cambio en su capacidad natural para dormirse. El recién nacido sólo necesita estar despierto un rato y se quedará dormido sin ningún estímulo externo. ¿Verdad que una mujer embarazada no se balancea ni mueve las caderas para dormir a su bebé? Entonces, ¿por qué lo mecéis en brazos para que concilie el sueño y alteráis su ritmo natural?

De acuerdo, es un acto de cariño, pero, además... un revuelo para el niño y su forma de descanso. Para que tanto el bebé como los padres se adapten mejor a la situación, nos resultará muy útil leer los dos siguientes apartados.

EL SUEÑO DEL FETO

La curiosidad de los científicos para determinar el momento en el que el feto duerme por primera vez y cómo desarrolla un ritmo de descanso dio sus frutos hace tan sólo unos pocos años.

Sabíamos, por la simple observación de las madres, que los fetos tenían períodos de actividad y períodos de quietud. Se suponía que cuando se movían estaban despiertos y cuando estaban quietos era porque estaban durmiendo.

La primera dificultad para saber más acerca del sueño de los fetos era la falta de pruebas que demostraran con claridad si dormían o estaban despiertos. Hoy en día, y gracias a las técnicas ecográficas, ya podemos saber exactamente qué hacen los fetos desde los primeros meses de la gestación.

Está establecido que cuando un bebé acaba de nacer tiene dos tipos distintos de sueño:

- El primero se denomina **sueño activo**, porque el bebé, aun dormido, mueve levemente los brazos, las piernas y la boca; le tiembla la barbilla; emite breves sonidos o quejidos y mueve los ojos. A pesar de estos movimientos, sabemos con seguridad que está durmiendo, es un sueño activo.
- Tras unos 40 minutos de sueño activo, llega el **sueño tranquilo**. El bebé descansa profundamente, su respiración es regular y apenas se mueve. Sería lo que solemos denominar «dormir como un niño».

Estos dos tipos de sueño se alternan entre las comidas del día y de la noche.

Partiendo de esta idea, la ciencia comenzó a estudiar la conducta de los fetos, tanto cuando estaban despiertos como cuando se suponía que estaban dormidos. Gracias a ese estudio se han definido las siguientes características:

- A partir de las 12-14 semanas de gestación, se aplican dos estados de conducta fetal:

1. Un estado de actividad, en el que hay movimientos de distintas características que supuestamente se relacionan con la vigilia o «estar despierto». Todos los tipos de movimientos fetales aparecen entre las 8 y las 16 semanas de gestación. Además de los movimientos, también existen sobresaltos, sacudidas, bostezos y el hipo. Y, por supuesto, movimientos típicos como la succión del pulgar, palparse los genitales y los contactos mano-cara. La investigación no ha visto que los movimientos sean diferentes entre los niños y las niñas.

MOVIMIENTOS EN EL EMBARAZO			
Semana 11	Semana 12	Semana 14	De la semana 18 a la 20
• Los períodos de actividad son los predominantes, mientras que los de reposo son cortos (duran entre 2 y 13 minutos)	• Succión del pulgar • Contacto mano-cara • Succión cordón umbilical	• Movimientos de los ojos (que después nos ayudarán a determinar las fases de sueño). Son rápidos y anárquicos	• Palpación de genitales • Bostezo • Contacto cara-placenta (no se observa antes y desaparece hacia el final del embarazo)

2. Un estado de reposo que supuestamente está relacionado con el sueño. A medida que avanza el embarazo, este estado de reposo se divide en dos tipos: los ya descritos de sueño activo y de sueño tranquilo, que perdurarán hasta el primer mes de vida.

- Entre las semanas 28 y 32 se diferencian claramente las fases de sueño activo y sueño tranquilo. Cuando el feto está dormido, el sueño activo es el que predomina (80 %). Los porcentajes de sueño activo y sueño tranquilo se van equilibrando hasta llegar a ser similares (50 % cada tipo de sueño) en el momento del nacimiento. Es interesante también comentar que la alternancia entre la vigilia y el sueño del feto no se corresponden con los períodos de sueño de la futura mamá.
- Sobre la semana 23 observamos ciertos movimientos oculares que podemos dividir en dos grupos: los lentos y poco frecuentes, posiblemente asociados al sueño tranquilo, y otros rápidos y frecuentes, asociados al sueño activo. También, sobre la semana 27 (seis meses de embarazo), apreciamos la aparición de bostezos, períodos de ojos abiertos que se alternan con períodos de ojos cerrados y un reflejo de succión relacionado con los ojos abiertos. Precisamente, son estos movimientos rítmicos de los globos oculares los que han llamado la atención de los científicos. Éstos consideran que pueden ser indicativos de la diferenciación del sueño, y señalan un estadio precoz de sueño REM (sueño de movimientos oculares rápidos) alrededor de la semana 23 del embarazo. En este sentido, los datos actuales concluyen que desde la semana 30 se produce el sueño activo, el equivalente al sueño REM del adulto, aquel en que se desarrolla la mayor parte de los sueños. De ahí que nada nos impida decir que en el útero el feto tiene todos los *instrumentos* para soñar, aunque nunca podremos saber qué sueñan los futuros bebés. Tam-

bién en el útero, dormir es importantísimo, porque es entonces cuando tiene lugar la máxima proliferación de células nerviosas y la producción de ciertas hormonas.

Hoy sabemos que la carencia de sueño inhibe la producción de nuevas células cerebrales en la región del cerebro que participa en la formación de nuevos recuerdos, lo que indica que el sueño tiene un importante papel en el aprendizaje y la memoria.

Así...

Los primeros fenómenos biológicos indicadores de los estados de vigilia y de sueño aparecen entre las semanas 8 y 11 de gestación y se consolidan entre las semanas 23 y 27 del embarazo.

Tras más de ochenta años de investigación, sabemos que el sueño es una actividad fundamental para el ser humano. Hasta hace muy poco se pensaba que dormir era perder el tiempo. Simplemente, el hombre o la mujer se desconectaban, de modo que dormir era un período donde no sucedía nada. Hasta hace apenas un siglo, los científicos estudiaban a los hombres solamente cuando éstos estaban despiertos.

En relación con el sueño de los más pequeños, esta investigación aún cobra más importancia, porque seguimos averiguando detalles de por qué un niño duerme como duerme, por qué cambia su sueño a lo largo de la infancia y cuáles son las repercusiones de dormir mal. Actualmente sabemos que dormimos para estar despiertos, que el sueño es la fábrica de nuestro día y que, durante la noche, nuestro cerebro elabora y repara todo lo que gastaremos al día siguiente. Ésta es la razón por la que dormimos un número determinado de horas.

Las principales ideas que sabemos sobre el sueño de los niños se resumen en que:

- Cuando un niño nace, duerme muchas horas, pero no puede dormir seguido, sino que lo hace por etapas. Es decir, si nos imaginamos un círculo que represente las 24 horas del día, un recién nacido duerme de 2 a 4 horas, se despierta, come, tenemos que cambiarlo, debemos darle afecto. Después vuelve a dormirse, se despierta, vuelve a dormirse... Esta repetición de fases de estar dormido-estar despierto recibe el nombre de «ritmo vigilia-sueño» y evoluciona durante los seis primeros meses de vida.

- Este ritmo de 3-4 horas de sueño y vigilia (anárquico)* se irá transformando en otro tipo de sueño. Si imaginamos de nuevo un círculo, en este segundo la mitad inferior sería la noche, y la mitad de arriba sería el día. Sabemos que, a los seis meses, el cerebro de un niño tiene capacidad para dormir entre 11 y 12 horas, pero no lo hace de un tirón, sino que se despierta entre cuatro y seis veces y vuelve a dormirse espontáneamente si ha aprendido un buen hábito. Así sucede durante toda la vida. Mientras dormimos, vivimos breves despertares que no recordamos al día siguiente. Simplemente, volvemos a quedarnos dormidos. Esto ocurre desde el primer día de vida, pero, si no lo sabemos, nuestra tendencia natural es volver a dormir a los niños, cogiéndolos en brazos, meciéndolos, etc. Estas prácticas sólo interferirán en su aprendizaje normal del hábito del sueño. Además, el niño realiza tres siestas, una después de cada una de las comidas principales. Este segun-

* Llamamos «anárquico» al primer ritmo de 3 a 4 horas de sueño y vigilia, y «circadiano» al ritmo de 24 horas.

EL SUEÑO DEL RECIÉN NACIDO
hasta el primer mes

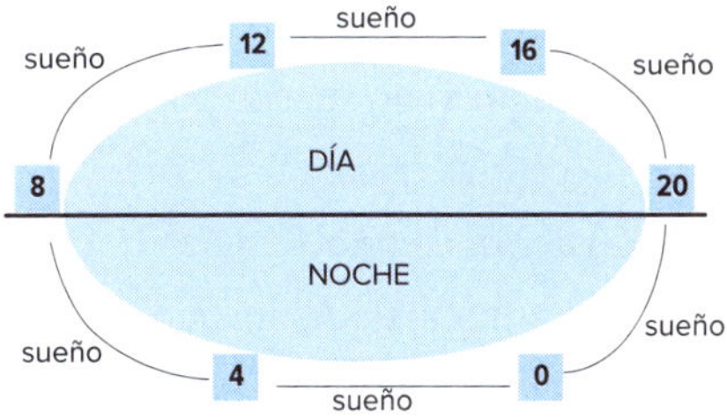

RITMO ANÁRQUICO DE 3-4 HORAS

EL SUEÑO DESDE EL PRIMER
al cuarto mes

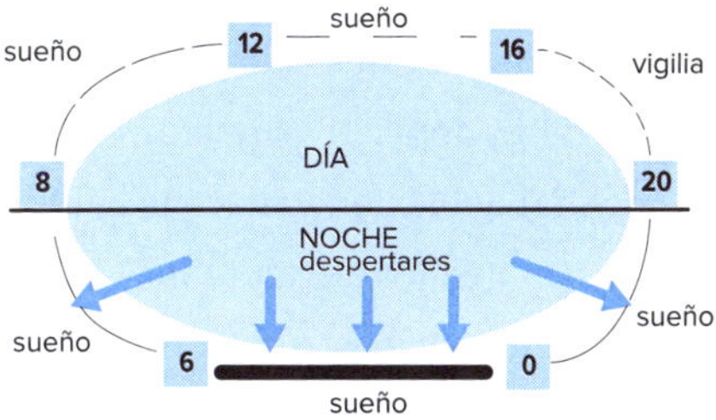

EL SUEÑO A LOS 6 MESES

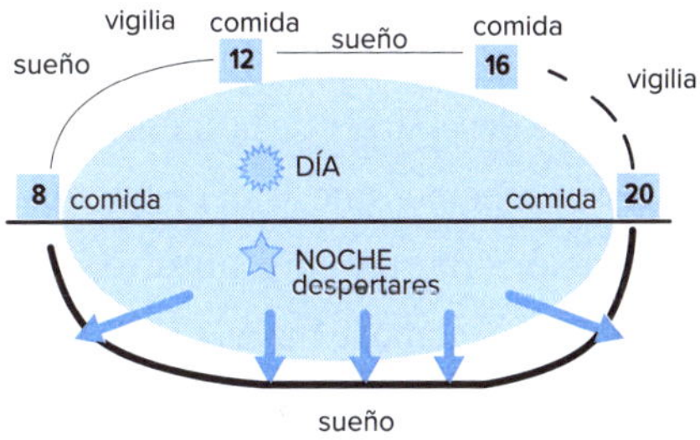

RITMO CIRCADIANO DE 24 HORAS

do tipo de sueño se repite cada 24 horas, y es el que tenemos los adultos.

■ En la actualidad sabemos también que este cambio de ritmo (de anárquico a cada 24 horas) no sucede porque sí. En nuestro cerebro hay un grupo de células que actúan como un reloj. Al nacer, este reloj no responde al ritmo correcto de 24 horas. Necesita entre cinco y seis meses para adaptarse. Asimismo, y como en todos los relojes, debemos darle cuerda para que se ponga en marcha, algo que técnicamente llamamos sincronizadores (información para que las células puedan adaptarse a este cambio de ritmo).

■ Existen sincronizadores internos o información que el propio cuerpo da a este grupo de células, como la curva de la temperatura. Todos sabemos que, cuando dormimos, nos enfriamos ligeramente, y que, cuando despertamos, nos calentamos de nuevo. Se trata también de un ritmo de 24 horas de temperatura (más baja de noche, más caliente de día) que, cuando nacemos, es anárquico; así, los recién nacidos tienen una temperatura más o menos constante durante las 24 horas del día, y, hasta que el cerebro no recibe esta información de la temperatura del cuerpo, no empieza a introducir este cambio.

■ También fabricamos otras sustancias químicas internas, como la hormona melatonina. La segregamos cuando no hay luz, e informa al reloj del cerebro que tiene que dormir; en cambio, cuando amanece, esta hormona desaparece de la sangre y aparece otra hormona que nos dice que tenemos que estar despiertos.

■ A esta información interna para nuestro reloj biológico se unen otras de tipo externo, como la luz, el ruido, el silencio y, sobre todo, las rutinas o los hábitos del sueño, que son las normas que los padres enseñamos a nuestros hijos para que este reloj se ponga en marcha y pueda realizar el cambio correctamente. Hay que tener claro que sobre ciertos factores no podemos actuar (no podemos cambiar la temperatura ni podemos darles melatonina; tampoco podemos actuar sobre la luz o la oscuridad, que dependen del sol). Pero podemos influir en los hábitos o rutinas del sueño.

EL RELOJ BIOLÓGICO

Existen elementos externos e internos que son los responsables de la adaptación al ritmo de 24 horas de vigilia-sueño. Dos de los elementos externos más potentes son la luz y el contacto social.

Asimismo existen otros ritmos de 24 horas que actúan sincronizados con el ciclo de vigilia-sueño:

- Uno de ellos es el ritmo de la temperatura, con una oscilación diaria de cerca de un grado entre el mínimo, que suele presentarse alrededor de las 4 de la madrugada, y el máximo, que tiene lugar alrededor de las 6 de la tarde.
- Otro ritmo destacable es el de la secreción de melatonina. Los expertos coinciden en que regula los ritmos internos y que sus niveles son altos durante la noche.

Alrededor de las 5-6 semanas de edad, el sueño empieza a concentrarse en las horas nocturnas y la vigilia aumenta durante el día. El modelo diurno del sueño y de la vigilia se establece claramente cuando el bebé cumple las doce semanas de edad, con un sueño durante el día consolidado con siestas bien definidas. Los recién nacidos, a diferencia de los adultos, normalmente comienzan su descanso con sueño activo y pasan el mismo tiempo en cada uno de los dos estados de sueño: episodios de sueño activo y de sueño tranquilo alternados en períodos de 50-60 minutos. Durante las primeras semanas de vida se produce una disminución rápida del período de sueño activo durante el día y un aumento del período de sueño activo por la noche.

- En el 70 % de los niños que nacen, el reloj biológico madura de forma correcta, por lo que ese grupo pasa sin ninguna dificultad a dormir de 10 a 12 horas durante la noche, y dormir sus siestas durante el día. No obstante, hay un 30 % de niños cuyo reloj necesita algo más de cuerda. Se trata de niños completamente normales, sin ningún problema médico ni psicológico; tampoco son niños mimados, ni la situación es culpa de los padres. Pero su reloj biológico necesita una información suplementaria para poder desarrollar este cambio. Los cambios esenciales ocurren al segundo o tercer mes de vida y dependen de la habilidad del niño en construir su propio contexto de vigilia. Éste es un momento muy importante para que se desarrollen estos cambios y coincide con las mayores modificaciones en varios aspectos neuronales y sensoriales de los niños, lo que les permite comenzar las verdaderas interacciones sociales con sus cuidadores.

Por eso, si los cuidadores alteramos de forma continuada ese ritmo de sueño-vigilia que el niño desarrolla por naturaleza, también podemos interrumpir el desarrollo de otros ciclos rítmicos. Además de conocer el desarrollo temprano del mecanismo regulador del ciclo sueño-vigilia debemos aprender a respetar y a encarrilar los ritmos para ayudar a dormir bien al bebé. En el pasado, esta realidad se desconocía, con lo cual los padres debían adaptarse a estos niños que se despertaban cinco, seis o diez veces cada noche. No dormían nunca más de 2 o 3 horas seguidas y sufrían las consecuencias al día siguiente, ya que, como hemos dicho, dormimos para estar despiertos.

Los niños que duermen mal están más irritables durante el día; son más dependientes de las personas que los cuidan; y, si crecen y siguen sin dormir bien, padecen más problemas escolares o, incluso, de desarrollo. La explicación es que, mientras dormimos, en la fase más profunda del sueño se fabrica la hormona del crecimiento. Estos niños, al interrumpir su descanso, no alcanzan nunca un sueño profundo reparador, y pueden sufrir, en los casos más graves, problemas de crecimiento.

CONSECUENCIAS DEL INSOMNIO INFANTIL POR HÁBITOS INCORRECTOS EN LOS NIÑOS

- Dificultades de aprendizaje.
- Consolidación deficiente de la memoria.
- Alteración de las habilidades de planificar y tomar decisiones.
- Mayor irritabilidad y dependencia de los cuidadores.
- Modulación deficiente del afecto.
- Trastornos en los hábitos alimentarios.
- Dolores de cabeza, jaquecas y dolores intestinales.
- Retraso del crecimiento (casos graves).
- Alteraciones de conducta:
  - Agresividad.
  - Hiperactividad.
  - Falta de control de impulsos.

Con toda esta información seremos más conscientes de que seguimos un patrón para dormir y estar despiertos o, lo que es lo mismo, que todos los seres vivos nos regimos por un ciclo determinado de vigilia-sueño que, además, evoluciona a lo largo de nuestra vida. Cuando nacemos y durante unos meses somos unos durmientes absolutos, puesto que necesitamos regular nuestro ciclo previo (en el vientre de nuestra madre) y adaptarlo a ese nuevo mundo exterior. Es un trabajo duro, porque no sólo debemos aprender a dormir según los estímulos externos, sino que tendremos que acostumbrarnos a comer, a hablar para comunicarnos y a un sinfín de novedades alegres y otras no tan divertidas. El caso es que si conocemos mejor cómo funciona el ciclo de vigilia-sueño del niño y respetamos su forma de conciliar el sueño, nos evitaremos errores que pueden desembocar en una ruptura de esa costumbre biológica.

EL SUEÑO DEL RECIÉN NACIDO O CÓMO AYUDAR A NUESTRO BEBÉ EN EL CAMBIO DE SU RITMO BIOLÓGICO

Cuando el bebé nace percibimos que existe un ritmo ya establecido de vigilia-sueño. Se despierta cada 3 o 4 horas, más o menos, y necesita comer, pero también que le cambien los pañales y que hablen con él. Este intercambio de afecto es muy importante cuando el niño está despierto.

El bebé recién nacido sigue un esquema de sueño muy similar al del feto. Inicia su dormir en lo que llamamos sueño activo. Mueve los ojos, hace muecas con la barbilla, respira irregularmente, emite algún quejido y realiza pequeños movimientos con las extremidades. No debemos interrumpir bajo ningún concepto este tipo de sueño, aunque parezca que el niño está inquieto, porque es totalmente normal.

Si la madre, o la persona que está a cargo del niño no lo sabe, es muy probable que lo acaricie, lo coja en brazos o lo acune. Esto es completamente perjudicial, porque lo único que conseguimos es romper su sueño normal. Después de unos 30-40 minutos en sueño activo, el bebé entra en el sueño más profundo, el que denominamos tranquilo. Está totalmente relajado, sin emitir quejidos ni moverse, y respira suave y profundamente. Esta fase del sueño dura otros 30-40 minutos.

Hasta casi los dos meses de vida, el bebé duerme en fases de 3-4 horas.

Para facilitar ese cambio de ritmo del bebé, y como el sueño y la alimentación son las dos ocupaciones principales de un niño en sus primeros meses, nos centraremos en las recomendaciones siguientes.

Recomendaciones para combinar la lactancia y el sueño

Es muy importante seguir unas rutinas claras para establecer un horario de descanso y de comida. De hecho, éste es el verdadero punto de partida del Método Estivill desde el primer día de vida. Si somos conscientes de estas reglas de oro que previenen cualquier problema para dormir, después no tendremos que aplicar otras normas para **reeducar** el hábito. Si los padres lo aplican bien desde el principio, no será necesario acudir más tarde a ningún plan de reajuste del buen hábito ni nos encontramos con problemas de insomnio infantil.

¡NO A LOS «CHIVATOS»!

Ay, el *walkie-talkie* o chivato infantil... Este aparato no sirve para nada, a no ser que queramos tener en vilo a los padres. En otros tiempos no existía, pero ahora lo colocamos en la cuna del niño y debemos cargar con el terminal por toda la casa; incluso cuando vamos al baño. El objetivo de esta idea tecnológica es controlar todos los ruiditos que hace el niño. Esto no es útil. Nuestro hijo gime, se mueve, lloriquea y mastica mientras duerme, y todo esto conlleva sonidos. Si los padres están permanentemente pendientes de todos estos ruiditos, los malinterpretarán.

Debemos saber que todas estas acciones son normales en los niños y que no hay que hacer nada para evitarlos. Cuando a un niño le suceda algo importante, su demanda en forma de llanto será tan fuerte que la oiremos desde el otro extremo de la casa.

Por lo tanto, deshaceos de vuestros intercomunicadores. Sólo aumentarán vuestra ansiedad y no ayudarán al niño. Nuestros padres no los tenían y los niños, nosotros, estamos aquí para contarlo.

5

REGLAS DE ORO DEL MÉTODO ESTIVILL APLICABLES DESDE EL PRIMER DÍA DE VIDA

REGLA N.º 1

Recomendamos que la madre alimente al niño siempre que pueda, en el mismo lugar, con luz, música ambiental suave y una temperatura agradable. El bebé debe permanecer despierto durante todo el tiempo de la toma. Esto es bastante difícil, porque el bebé tiende a quedarse dormido cuando come. La madre tiene que hablarle mientras lo alimenta, acariciarlo suavemente y estimularle para que mantenga cierta vigilia.

Muy importante: lo hacemos por su bien. Que se quede dormido mientras come ni favorece en nada una buena alimentación ni el aprendizaje posterior del hábito del sueño. Aunque puede resultar un gesto muy amoroso para la madre, alimentarle y dejarle dormir no es positivo para vuestro hijo. No seamos egoístas: pensemos en él, no en nosotros.

Mantenerlo despierto favorecerá que el bebé coma más y empiece a asociar la comida con el estado de vigilia. Siempre debemos tener en cuenta que el bebé capta todas las sensaciones que le transmitimos los adultos. Si los padres son tranquilos y le hablan dulcemente, el bebé captará esta sensación y responderá de la misma manera. Por el contrario, si dudan, están inquietos o cambian continuamente de rutinas, el bebé se volverá inseguro y mostrará inquietud. La madre debe seguir las normas de la lactancia materna a demanda, o del biberón según su deseo y las recomendaciones de su pediatra.

REGLA N.º 2

Después de cada comida, la madre debe tener al bebé despierto en brazos durante unos 15 minutos. Esto favorecerá la expulsión de gases y posiblemente evitaremos algunos cólicos. También ayudará a empezar la digestión. La madre estimulará al niño con caricias y le hablará constantemente. Una posición adecuada es colocarlo frente a nosotros, medio incorporado, para que nos vea.

MUY IMPORTANTE: No hay que darle golpecitos en la espalda para que suelte el típico eructo. El aire acumulado surge por sí solo si el niño está ligeramente erguido. Únicamente hace falta tener paciencia y esperar unos minutos. Los golpes que recibe el bebé son totalmente innecesarios en la mayoría de los casos. Tened en cuenta que el bebé mide 50 centímetros y pesa entre 3 y 4 kilos. Vosotros medís entre tres o cuatro veces más que el niño y pesáis quince veces más que él. Pensad en la intensidad de los golpes que les propinamos, aunque sea sin querer y con la mejor intención. Imaginad que os lo hacen a vosotros. Estáis en los brazos de un gigante (los padres) de 6 metros y os golpean, con mucho cariño, eso sí, durante unos segundos. No solamente expulsaréis el aire, sino también, probablemente, los intestinos...

Durante este período de intercambio y cuidado, el contacto físico e intelectual con el niño es esencial para su adecuada formación afectiva. El niño reconocerá nuestra voz, la forma como lo cogemos y sobre todo irá aprendiendo a captar los estímulos afectivos. Y lo más importante es que esto también puede hacerlo el padre. No es exclusivo de la mujer transmitir afecto al niño.

Por último, insistir en que es fundamental que el niño no se duerma en esta posición, medio erguido.

REGLA N.º 3

A continuación, desarrollaremos los hábitos higiénicos. Mientras le cambiamos el pañal, debemos hablar con el bebé, sonreírle y acariciarle. Un poco de masaje puede resultar muy adecuado... pero siempre manteniendo al bebé despierto. Eso es lo más importante.

REGLA N.º 4

Después de cambiarle el pañal, debemos colocar al bebé en la cuna, siempre despierto, para que aprenda a dormirse solito. Puede utilizar el chupete y un pequeño peluche como elementos asociados al sueño. Si se le cae el chupete, le ayudaremos a ponérselo las veces que haga falta.

Nunca hay que dormirlo ni en brazos ni en la cuna. No hace falta acunarlo, ni hacer nada para que se duerma. Recordad que en vuestra barriga el niño se dormía solo. Vosotras no teníais que cantar ni mover la barriga de un lado a otro para acunarlo. Todo lo que necesita el niño para sentirse querido (que le hablen, que le acaricien, que le canten o que le muevan) debe hacerse antes, con el niño despierto, durante la aplicación de las reglas 1, 2 y 3.

Además, la habitación debe estar en total oscuridad y en silencio. Estas condiciones deben ser las mismas siempre, tanto para el sueño del período nocturno como para el de las siestas.

También es importante seguir estas normas en las tomas que correspondan al período del día. En las que corresponden al período nocturno, la madre alimentará al niño en su cama (la de matrimonio) y después de mantenerlo despierto para que expulse los gases y para cambiarle el pañal, si lo precisa, volverá a colocarlo en la cuna despierto. Reducimos el período despierto después de la toma porque este momento de alimentación nocturno tiende a desaparecer a medida que el niño duerme más horas seguidas.

REGLA DE ORO PARA LA MADRE

Es muy conveniente que la madre siga los mismos horarios de sueño que el niño. Ayudará a prevenir la depresión posparto. Se ha demostrado que un factor causante de esta depresión es la falta de sueño de la madre cuando alimenta a su hijo. Es habitual que familiares, vecinos y conocidos quieran ver al recién nacido, y que la parturienta, agotada por la falta de sueño, tenga que atender a las visitas. Con este ajetreo, la pobre madre tampoco consigue descansar cuando por fin logra que su bebé duerma unas horas. Hay que tener claro este punto. La madre y el padre deben mantenerse firmes y hacer entender a los «visitantes» que ella duerme como el niño y que no podrá estar disponible en cualquier momento del día. Estos pequeños detalles harán más llevadero el período posparto, durante el que la madre se siente mal porque, lógicamente, acaba de parir (algo que físicamente es duro), tiene una baja autoestima (se siente fea y su forma física no es la mejor), está cansada porque no puede dormir y encima su pareja le hace poco caso.

¿Cómo no va a sentirse deprimida? Pero podemos ayudar a la nueva mamá si al menos contribuimos a que duerma durante los períodos de sueño del bebé.

LA IMPORTANCIA DEL REFLEJO DE SUCCIÓN

Otro concepto importante que deben conocer los padres es el reflejo de succión. Los bebés, al nacer, presentan reflejos arcaicos. Los más habituales son el reflejo de succión y el del abrazo. Este último consiste en un movimiento típico que hace el niño cuando oye un ruido o se le mueve. El bebé levanta los bracitos, simulando un abrazo. Es totalmente normal; los cuidadores pueden experimentarlo dando pequeñas palmadas cerca del niño y ver cómo reacciona su bebé.

Pero conocer en profundidad qué es el reflejo de succión es todavía más importante. Todos los bebés tienden a succionar lo que les acercamos a la boca. Les ayuda a comer, como es lógico, pero lo que interesa es que lo hace en cualquier circunstancia, y no sólo cuando tiene hambre. Los padres pueden experimentarlo colocando el dedo índice, bien limpio, cerca de la boquita del niño. Él buscará el dedo y lo chupará suavemente, aunque sea después de haber comido.

El caso es que mucha gente piensa que cuando un bebé se lleva la mano a la boca e intenta succionarla es una señal de hambre. Esto es completamente erróneo. Lo único que hace el bebé es articular su reflejo de succión. Si esto se interpreta mal, podemos tener la tendencia de dar de comer al niño en momentos inadecuados o con demasiada frecuencia, y de este modo el bebé empezará a consolidar malos hábitos.

Recapitulemos...

- La aparición de los estados del sueño es uno de los aspectos más importantes del desarrollo. La descripción de la conducta de los fetos y de los recién nacidos, y los estudios acerca de la organización del sueño han demostrado que tanto los fetos como los recién nacidos manifiestan espontáneamente un modelo diferenciado y cíclico de sueño activo y de sueño tranquilo. Los fetos y los recién nacidos duermen la mayor parte del día, y el sueño activo es el estado que prevalece durante los primeros meses después del nacimiento.
- Los estudios que controlan cómo madura el cuerpo indican que ciertos cuidados de los padres y otros educadores y las condiciones ambientales pueden ser perjudiciales para establecer los ritmos básicos. Como consecuencia, ciertas alteraciones en situaciones familiares o ambientales pueden contribuir a perturbar tanto el sueño como la alimentación, algo que suele sucederles a los niños prematuros. Los científicos insisten en que es bueno que los cuidadores conozcan desde el principio los mecanismos reguladores de los estados sueño-vigilia y que aprendan también a aplicar unas rutinas para estimular de manera adecuada el desarrollo del niño.
- Debemos ayudar al bebé a adaptarse al ritmo sueño-vigilia sin mecerlo ni interrumpir su sueño activo y procurando establecer unos horarios para las comidas, tanto de día como de noche.
- Durante las tomas alimentarias, la expulsión de gases y el cambio de pañal, mantendremos al bebé despierto y aprovecharemos para interactuar con él, hablándole y proporcionándole muestras de afecto. Podemos seguir unas reglas muy sencillas para enseñar desde el primer día los hábitos de dormir y de comer. Un buen

aprendizaje desde el nacimiento puede ayudar a que no tengamos que reeducar al niño en el buen hábito.

- El sueño es mucho más que dejar de estar despierto, desde el momento en que es un proceso regulado. Los estados de sueño y vigilia están bien definidos, y se basan en variables del comportamiento y psicológicas que se dan en un período de 24 horas. La sincronización del sueño y la vigilia está regulada por los elementos del reloj biológico.

- El lactante empieza a presentar períodos de sueño nocturno más largos, de forma que progresivamente y hasta los 6 meses el niño ya es capaz de dormir entre 10 y 12 horas seguidas. El cambio del ritmo de feto es posible gracias a unos sincronizadores que consiguen regularlo a un ritmo de aproximadamente 24 horas. Estos sincronizadores son de dos tipos: externos como la luz y las rutinas, e internos, como la melatonina y la temperatura corporal. Hoy en día se ha comprobado que los sincronizadores externos como el Método Estivill pueden producir cambios en el ritmo vigilia-sueño del niño. Sin embargo, los marcadores internos, especialmente el efecto de la melatonina, son poco modificables.

- En la actualidad, aproximadamente un 30 % de la población infantil presenta alteraciones del sueño debidas a una sincronización deficiente del ritmo de sueño-vigilia.

TERCERA PARTE

ALTERACIONES EN EL SUEÑO: QUÉ SON Y CÓMO SE TRATAN

6

LAS ALTERACIONES EN EL SUEÑO MÁS FRECUENTES: SONAMBULISMO, MIEDOS, TERRORES NOCTURNOS PESADILLAS, HABLAR EN SUEÑOS, RECHINAR DE LOS DIENTES, MOVIMIENTOS INVOLUNTARIOS

Llamamos parasomnias a todos aquellos fenómenos que acontecen durante el sueño y que son una mezcla de estados de sueño y de vigilia parcial. Entre éstas, podemos citar el sonambulismo, los miedos, los terrores nocturnos y las pesadillas.

Una parasomnia no siempre provoca la interrupción del sueño, pero sí que lo altera y evita que descansemos bien. Asimismo, perturba la vida familiar por mucho que los padres sepan que este tipo de fenómeno no suele revestir ninguna gravedad durante la infancia.

LAS PARASOMNIAS MÁS FRECUENTES

Sonambulismo

Suele observarse a partir de los 3-4 años, y en algunos casos muy aislados puede durar hasta la edad adulta. Como es lógico, estos episodios nocturnos interrumpen el sueño normal del niño, quien al día siguiente puede sufrir síntomas de un mal descanso. Existen muchos mitos sobre el sonambulismo, pero lo cierto es que se trata de una alteración benigna, cuando es ocasional, y que no tiene consecuencias graves si tomamos algunas precauciones.

Esta parasomnia consiste en repetir durante la noche una conducta aprendida durante el día de un modo automático, mientras el niño está profundamente dormido. En este sentido, las acciones del sonámbulo siempre implican algún movimiento.

El movimiento puede ser tan simple como sentarse en la cama o puede complicarse hasta convertirse en verdaderos paseos por la casa, idas y venidas al baño o a la nevera. Lo que sucede es que, al estar dormido y en un estado inconsciente, el niño se comporta de manera torpe e incongruente, con lo cual es posible que se orine en la papelera del baño, que coma mantequilla con cuchara u otras rarezas. En cualquier caso, no debéis temer que pueda caerse por una ventana ni que le suceda nada peligroso, o al menos ése nunca será su deseo. Lo que sí podría ocurrir —aunque es altamente improbable– es que confundiera una ventana con una puerta o que tropezase por caminar a oscuras y, sobre todo, sin conciencia de estar haciéndolo. Por este motivo, os recomendamos tomar precauciones, pequeñas medidas de seguridad, para así evitar sobresaltos innecesarios: cerrad bien las ventanas, poned alguna barandilla en la puerta si el niño duerme en la planta superior de la casa, evitad dejar al alcance elementos que pueda utilizar de forma peligrosa, etc.

Si los episodios de sonambulismo se repiten con frecuencia, debemos consultar al pediatra. Desde hace poco tiempo, sabemos que los niños que roncan y tienen apneas presentan más episodios de sonambulismo. Los provocan los microdespertares que siguen a las apneas. Al solucionar el problema del ronquido y las apneas, solucionaremos el sonambulismo.

No sirve de nada preguntarle al día siguiente qué ha sucedido, porque no lo recordará. Poco se sabe sobre el sonambulismo, tan sólo que se produce durante las primeras 3 o 4 horas de sueño y que hay más probabilidades de que aparezcan estos episodios en niños que tienen antecedentes familiares de este tipo. Sin embargo, se desconoce su causa y aún no existe un remedio para curarlo. Sólo sabemos que si retiramos demasiado pronto la siesta del mediodía aumenta la frecuencia de sonambulismo y de terrores nocturnos.

¿Qué haremos ante un episodio de sonambulismo?

Lo mejor es volver a llevar al niño a la cama sin despertarlo. Para ello le diremos en un tono bajo y muy dulce frases del tipo: «Vamos a la cama» o «Ven conmigo». Pero hay que evitar entablar conversaciones; no debemos hacer ninguna pregunta. Se trata de que vuelva a la cama y siga durmiendo sin que le despertemos. Si esto ocurriese, no hay que alarmarse, su vida no corre ningún peligro si lo despertáis (hay muchas leyendas al respecto, pero son falsas). No obstante, sí es cierto que el niño podría sentirse aturdido si de repente se descubre a sí mismo en un lugar extraño y realizando alguna actividad poco habitual que no recuerda haber emprendido.

Miedos

Hay tres tipos de miedo que debemos conocer y diferenciar muy bien:

1. Miedo como síntoma de un mal hábito de sueño.
2. Miedo como síntoma que acompaña a un terror nocturno.
3. Miedo como síntoma que acompaña a una pesadilla.

Miedo como síntoma de un mal hábito de sueño

Cuando un niño llora o grita desconsolado diciendo que tiene miedo sus padres se preocupan muchísimo. Es comprensible. La imagen de un niño aterrorizado conmueve al más insensible. Entre otras razones, porque todos sabemos que la sensación de tener miedo es una de las peores que existen. Resulta paralizante en muchos sentidos y, hasta que no desaparece, la persona atemorizada sufre mucho. Sin embargo, por muy alarmante que pueda resultar que vuestro hijo os despierte a medianoche diciendo que tiene miedo, no debéis preocuparos. La posibilidad de que sus temores sean patológicos y que requieran tratamiento psiquiátrico es mínima. Es cierto que siempre hay una posibilidad de que revelen un síntoma de una enfermedad psiquiátrica o psicológica, pero el pediatra os ayudará a descartar esta causa.

Para entenderlo mejor, vamos a analizar qué ocurre cuando un niño dice que tiene miedo. Los padres siempre hacen gala de una paciencia admirable cuando se trata de tranquilizar a sus hijos si éstos empiezan a hablar de los monstruos y vampiros que se esconden en su habitación. Otros niños ni siquiera tienen que explicar a sus padres qué les asusta. Con sólo escuchar de sus bocas un concepto tan abstracto como «tengo miedo, mucho miedo», los padres corren a consolarles, a acurrucarlos, a arroparlos, a besarles y a decirles: «No pasa nada, cariño». Y así, de un modo totalmente involuntario, están reforzando una conducta incorrecta (véanse páginas 54 y ss.).

Por este motivo, en la inmensa mayoría de los casos de niños que sufren despertares nocturnos, su miedo es sólo una excusa prácticamente infalible para conseguir que sus padres acudan a su lado y le ayuden a dormir. Una prueba de ello es que estos niños sólo se quejan por la noche. Durante el día no son nada miedosos, sino que se muestran tan traviesos, inquietos y valientes como cualquier otro niño de su edad. Éste es el punto más importante para distinguir el miedo patológico (el que se manifiesta todo el día y en todas las situaciones) del miedo como conducta inadecuada (sólo por la noche y antes o durante el sueño).

En este sentido, un «Tengo miedo» no se diferencia de un «Tengo pipí» o «Tengo hambre». Es, simplemente, una acción con la que el niño busca provocar vuestra reacción, así que no debéis preocuparos ni darle más importancia.

Todo lo contrario, debéis ignorar esta conducta, no podéis iniciar un diálogo con vuestro hijo intentando convencerle de que no hay razón para sentir temor. Es preferible responder con frases que no estén relacionadas con su pregunta y cuando él os diga que le da miedo irse a la cama, podéis contestarle algo parecido a «¡Qué bien que te vayas a dormir ya, porque así mañana estarás descansado y tendrás mucha energía y cuando por la tarde vayamos al parque podrás demostrar lo valiente que eres subiéndote en los columpios, los toboganes...». Como veis, se trata de reforzar la idea de que vuestro hijo es valiente en vez de optar por decirle que no es cobarde o que no existen motivos para serlo.

Con ello no queremos decir que el niño no pueda sentir a veces un miedo real ni tampoco que esté mintiendo deliberadamente.

Pero, en cualquier caso, su miedo está condicionado, proviene de la inseguridad que le produce no dominar el hábito de dormir. En el fondo, es lo mismo que le sucede a alguien que no sabe esquiar y que durante veinte días seguidos se desliza pista abajo sin que nadie le enseñe cómo frenar. Después de sufrir diez conmociones, una tras otra, cualquiera comprenderá que se ponga a temblar cada vez que suba al telesilla.

No obstante, también podría ocurrir que el niño sintiera algún tipo de temor o aprensión muy concretos durante una etapa de su vida sin que ello signifique que padece un miedo de tipo patológico. A veces, los niños sufren temores transitorios, que no tienen mayor importancia si se saben atajar correctamente. En este sentido, uno de los más habituales consiste en rechazar ir solos a una parte concreta de la casa, alegando que les da miedo el recodo del pasillo, o que les parece demasiado largo y oscuro. Quizá el problema sea el trastero situado justo antes de llegar a su dormitorio o la planta superior de la casa si se trata de un dúplex. En estos casos, lo correcto es, una vez más, no hacer caso de ese miedo y reforzar la idea de que el niño es muy valiente en todos los demás aspectos de su vida. Recordad: siempre hay que responder con frases que no estén relacionadas con su queja de que tiene miedo (pasar por alto las conductas inadecuadas).

Lo que también podéis hacer para ayudar a vuestro hijo a superar un miedo concreto es probar a hacer pequeñas aproximaciones hasta el lugar que le asusta pidiéndole que os acompañe con la excusa de que vais a buscar algo juntos (pero sin decirle que estamos tratando su miedo). Una vez estéis allí podéis comentarle algún detalle bonito de ese rincón, algo que a él pueda gustarle o parecerle interesante. De este modo, dejará de producirle rechazo y al día siguiente podréis intentar enviarle a buscar esa misma cosa a él solito. Pero si opone mucha resistencia, no lo obliguéis. Nunca le diremos: «Pues vas a ir y ya está, no se hable más». Por el contrario, le ofreceremos volver a ir de nuevo juntos pero anunciándole que al día siguiente sí que irá él solo.

TIPOS DE MIEDO

- Miedo como excusa o condicionado.
  - Con esta acción el niño provoca la reacción de los adultos.
  - Cuando es real se debe a la inseguridad que siente respecto al hábito de dormir.
  - Se manifiesta sólo por las noches. Durante el día el niño nunca se muestra miedoso ni particularmente angustiado.
- Miedos o aprensiones de carácter transitorio.
  - Temores repentinos a una habitación o a una parte de la casa en concreto.
  - Desaparecen fácilmente reforzando las «conductas valientes» del niño.
- Miedo patológico.
  - Poco frecuente. Es tanto diurno como nocturno. Necesita tratamiento médico o psiquiátrico.

Al pensar en el miedo de sus hijos, muchos padres recuerdan que también ellos eran muy asustadizos durante su infancia y por eso justifican y se solidarizan con los temores de sus vástagos. Pero lo que probablemente sucede es que muchos de estos padres siguen sufriendo miedos y tienen un carácter aprensivo. Por eso, ante el menor contratiempo se les escapa un «ay» o un «¡cuidado!», pero con tanta advertencia y espanto transmiten sus miedos al niño, que capta todas las actitudes de sus mayores. En realidad, no se trata de que el niño sufra una especie de «miedo hereditario». Sencillamente, con tanto sobresalto, el niño acaba creyendo que el mundo es un lugar poblado de desgracias y peligros.

Un ejemplo representativo de la relación que se establece entre los temores de los padres y el de sus hijos se da en el miedo a la oscuridad. En ocasiones, los niños dicen que les aterroriza apagar la luz y después resulta que sus padres siempre duermen con la lámpara de la mesilla de noche encendida. Como excusa alegan que la encienden para leer un rato en la cama y que después suelen quedarse dormidos sin que les dé tiempo a apagarla.

Por otro lado, en la actualidad casi ninguna casa se queda totalmente a oscuras. A través de las ventanas y los balcones suele filtrarse un poco de la luz exterior —escaparates, carteles luminosos y farolas—. También los múltiples aparatos electrónicos que permanecen siempre en funcionamiento en el interior de las casas iluminan tenuemente las habitaciones y sirven como punto de referencia al niño si éste se despierta repentinamente.

Terrores nocturnos

Algunos niños, a partir de los 2-3 años, y después de dormir 1 o 2 horas, pueden despertarse bruscamente, con gritos realmente aterradores. Al acudir junto a él, los padres ven a su hijo medio tembloroso, dormido, pero gritando como si algo muy grave estuviera ocurriendo.

Estos episodios se denominan terrores nocturnos y se caracterizan por:

- Son más habituales en niños menores de 5 años. Poco frecuentes después de esta edad.
- Se producen durante la primera mitad de la noche (durante una fase de sueño muy profundo) y no los recuerdan al día siguiente.
- Son episodios que duran entre 2 y 10 minutos, en los cuales el niño se despierta repentina y bruscamente y empieza a chillar con desesperación, como si el sufrimiento fuese insoportable.
- Además de chillar, el niño está pálido, tiene sudor frío y es incapaz de comprender lo que sucede a su alrededor, porque no tiene contacto con la realidad.
- Es posible que ni siquiera reconozca a sus padres. En realidad, está profundamente dormido y no es consciente de lo que ocurre, así que, de hecho, no está pasando nada.
- Es mejor no despertar al niño durante uno de estos terrores, porque al estar profundamente dormido sería muy difícil conseguirlo. Además, no recordaría nada, con lo cual tendría una extraña sensación, de misterio y culpabilidad, que empeoraría las cosas.
- Lo mejor es que mientras dure el episodio permanezcáis junto a vuestro hijo, pero que no hagáis nada más, ni hablar ni tocarle. Sólo debéis vigilar que no se caiga.
- Suelen ser esporádicos, pueden aparecer por temporadas y remiten también de forma espontánea. Si son muy frecuentes, del orden de más de tres veces por semana, y aparecen varios episodios en una noche, debéis consultarlo con el pediatra.

IMPORTANTE: Si cuando llegáis deja de chillar significa que os reconoce y que está despierto, con lo cual no se trataría de verdaderos terrores nocturnos, sino de una estrategia (una conducta inadecuada) para atraer vuestra atención. En consecuencia, no debéis hacer caso de este comportamiento, sino seguir con las pautas para enseñarle a dormir.

Pesadillas

Otras alteraciones bastante frecuentes en niños son los despertares al amanecer, generalmente relacionados con algo que están soñando. En ocasiones sólo emiten gritos y no se despiertan. Otras veces, el niño se despierta, llama a sus padres y dice que tiene miedo. Las características de estos episodios son:

- Se producen durante la segunda parte de la noche (hacia el amanecer).
- Generan ansiedad y angustia, que provocan que el niño se despierte gritando y diciendo que siente miedo.
- El niño es capaz de explicar qué ha soñado. En ese caso, los padres, al saber el origen del miedo (un lobo, un monstruo, un compañero de clase), pueden calmarlos con argumentos («aquí no hay ningún monstruo»).
- Suelen estar relacionadas con algún tipo de fenómeno que ha angustiado al niño (un programa de televisión o algún hecho vinculado con la escuela o con su vida cotidiana). Por este motivo, normalmente sólo duran algunas semanas, hasta que dicho fenómeno cesa.
- Cuando vuestro hijo padezca estos episodios, lo mejor es que intentéis tranquilizarle dándole seguridad (aunque no debéis

llevarlo a vuestra cama). Le explicáis que es un sueño, que es muy normal y que todos soñamos, y que no pasa nada especial a su alrededor. Podéis hablar tranquilamente con él, porque está despierto —al contrario de lo que sucede con los terrores nocturnos, durante los que está profundamente dormido—. Una vez esté tranquilo, debéis acostarlo de nuevo.
- Ya sabéis que los niños son muy listos y aprenden rápido. Ha descubierto que sus padres van a verle cuando dice que tiene una pesadilla. A veces ocurre que el niño, al cabo de unos minutos de haber estado con él para tranquilizarle de su pesadilla, vuelve a llamarnos diciendo que ha tenido otro sueño desagradable. Desconfiad, sólo ha aprendido que si dice que tiene pesadillas, los padres corren a su lado. En este caso, debéis aplicar el Método como si fuera un despertar nocturno habitual.

Somniloquia (hablar en sueños)

Se trata de una situación muy frecuente, que se caracteriza por:

- Suele pronunciar en sueños palabras inconexas, gritos, llantos, carcajadas o frases desestructuradas.
- Siempre están relacionadas con lo que sueña. Por eso, son mucho más frecuentes en la segunda mitad de la noche y sobre todo antes de despertar.
- No es necesario acudir a su lado ni hacer nada en particular. El niño está dormido.
- Son situaciones totalmente benignas que incluso se pueden prolongar en la edad adulta.

- En algunos casos quizá sean incómodas para los familiares y hermanos, porque puede llegar a despertarles.
- En estados febriles suelen ser más evidentes. Son también muy habituales cuando el niño empieza a ir a la guardería o a la escuela.

Bruxismo (rechinar de los dientes)

Es también un fenómeno habitual en los niños durante el sueño. Se produce por una contractura excesiva de los maxilares, que provoca un ruido peculiar que suele preocupar a los padres, aunque no despierta a los niños. Si la contractura es constante puede provocar alteraciones en las piezas dentales. Podemos evitarlo con prótesis de protección que se colocan durante la noche. El bruxismo no se asocia con ninguna fase de sueño en particular ni con ninguna actividad mental específica. Es muy común en niños con malformaciones maxilo-faciales y con mala oclusión dental, sobre todo en niños con síndrome de Down. La ortodoncia precoz puede solventar muchos casos.

Movimientos rítmicos durante el sueño (mecerse de forma involuntaria)

Algunos niños realizan movimientos automáticos de mecimiento para conciliar el sueño. Suelen iniciarse hacia los 9 meses y raramente persisten más allá de los 3-4 años. Consisten en movimientos rítmicos que realizan con la cabeza o con todo el cuerpo hasta que consiguen dormirse, y que pueden ir acompañados de sonidos guturales. Los movimientos más frecuentes son los golpes con la cabeza contra la almohada o el balanceo de todo el cuerpo con el niño boca abajo. A menudo preocupan a los padres por la espectacularidad de los movimientos, ya que suelen hacer ruido o desplazar la cuna. Algunos niños pueden producirse pequeñas rozaduras, sobre todo en la barbilla. Normalmente, estos movimientos desaparecen espontáneamente. Se dan en niños normales, pero mucho más en niños con retraso mental o autismo. Algunos estudios científicos consideran los movimientos rítmicos parte de una conducta aprendida, en la que el niño reproduciría los movimientos de mecimiento que realizan los padres al acunarlo. El pediatra podrá hacer una diagnosis para eliminar ciertas enfermedades raras, pero generalmente no se precisa un tratamiento específico y bastará con informar y calmar a los padres. Se pueden tomar medidas de precaución para disminuir el ruido y evitar que el niño se haga daño físicamente. Si los movimientos persisten más allá de los 5 años, el médico deberá valorar la situación desde el punto de vista neurológico y psiquiátrico.

PARASOMNIAS

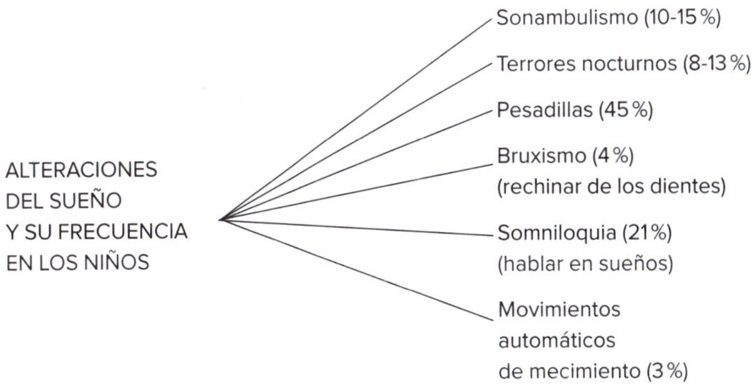

7

LAS ALTERACIONES EN EL SUEÑO MENOS FRECUENTES: DESPERTAR CONFUSIONAL, SOBRESALTOS, CALAMBRES, PARÁLISIS DEL SUEÑO, DEGLUCIÓN, REFLUJOS, SUDORACIÓN, LARINGOESPASMOS, RONQUIDOS, APNEAS, PIERNAS INQUIETAS, MOJAR LA CAMA

LAS PARASOMNIAS MENOS FRECUENTES

Despertar confusional

Consiste en un estado de confusión durante y, sobre todo, inmediatamente después del despertar del sueño. Es habitual en los niños si se les despierta de un sueño profundo en la primera parte de la noche. Actúan de forma automática y no suelen recordar nada al día siguiente. El fenómeno es totalmente benigno y no precisa tratamiento específico.

Sobresaltos del adormecimiento

Son contracciones breves e imprevistas de las piernas al inicio del sueño. Ocasionalmente también suelen darse en los brazos y la cabeza. Pueden ser asimétricas y se producen exclusivamente en el inicio del sueño; después desaparecen. Los niños pueden recordarlas asociadas a sueños tipo «caída al vacío». Son benignas, no precisan tratamiento y pueden persistir toda la vida. En los recién nacidos y en los lactantes pueden ser más evidentes y ser motivo de angustia de los padres. También suelen producirse en el mentón.

Calambres nocturnos

Es una sensación dolorosa o una tensión muscular que se produce habitualmente en la parte inferior de las piernas o en el pie y que aparece durante el sueño, lo que provoca algunos despertares nocturnos. Suelen padecerla los niños mayores o preadolescentes. A veces se han relacionado con una falta de potasio.

Parálisis del sueño

Consiste en períodos de incapacidad para mover de forma voluntaria un grupo de músculos al inicio del despertar, aunque a veces también se dan en el momento de dormirnos. Son muy angustiosas para el niño, ya que tiene la sensación de que se ha quedado inválido. Sabe que está despierto, pero no puede hablar ni gritar. Trata desesperadamente de moverse pero no consigue mover ni un solo músculo. Estas parálisis ceden espontáneamente después de unos minutos. El origen es desconocido. El fenómeno es benigno pero no existe tratamiento específico. Es de gran ayuda explicar al niño que cuando se produzca este fenómeno no trate de moverse y piense que debe intentar quedarse nuevamente dormido o que la parálisis desaparecerá espontáneamente sin que él haga nada.

Deglución anormal nocturna

Es un trastorno en el cual existe una deglución inadecuada de saliva, que puede dar lugar a una aspiración, con tos y sensación de ahogo, seguido de breves despertares que interrumpen el sueño. La impresión que tienen los padres cuando observan al niño es que está «comiendo», ya que se producen unos movimientos de masticación acompañados de sonidos ostentosos que finalizan con una deglución. El niño permanece dormido durante los episodios, que pueden ser de varios minutos de duración, aunque lo más frecuente es que sean aislados. Son de intensidad diversa y pueden despertar al niño cuando la deglución de saliva se produce por la vía respiratoria. No existe tratamiento específico. Suelen ser benignos y desaparecen espontáneamente.

Reflujo gastroesofágico nocturno

Se caracteriza por regurgitaciones de los contenidos gástricos hacia el esófago durante el sueño. Es poco frecuente pero puede observarse en recién nacidos y lactantes. Puede ser causa de apneas. Normalmente resulta benigno.

Sudoración excesiva durante el sueño

Se caracteriza por una sudoración profusa que se produce durante las primeras horas del sueño, con independencia de la temperatura exterior. Es común en lactantes. Puede afectar sólo a algunas partes del cuerpo (el cuello y la cabeza) y más raramente a todo el cuerpo. En algunos niños, la intensidad de la sudoración les despierta y hay que cambiarles el pijama. No se conoce tratamiento específico. Suele observarse más en niños que beben mucho líquido durante la tarde-noche.

Laringoespasmo durante el sueño

Se refiere a los episodios de despertar agudo por una intensa sensación o incapacidad para respirar acompañada de ruido respiratorio. Es raro y suele observarse en algunos lactantes que tienen otras enfermedades, sobre todo de tipo malformativo. No existe tratamiento específico.

RONQUIDOS Y APNEAS

El Grupo Pediátrico de la Sociedad Española del Sueño ha elaborado y publicado un documento de consenso sobre esta importante cuestión. Los conceptos que describimos a continuación resumen este trabajo actualizado.

- Del 1 al 3 % de los niños y niñas ronca y manifiesta paradas respiratorias durante el sueño. Hablamos de episodios repetidos de obstrucción completa (las apneas) o parcial (las hipoapneas) de las vías respiratorias, a causa del colapso de las partes blandas de la garganta. Eso significa que estos niños dejan de respirar durante unos segundos, repetidas veces durante una misma noche, y sufren una falta de entrada de oxígeno en el organismo y múltiples despertares inconscientes. Esta anomalía puede tener graves consecuencias en la vida del niño, tanto en el aspecto físico como intelectual.

- Esta patología suele aparecer sobre los 2-3 años, aunque en algunos casos aislados también se puede observar desde el nacimiento.
- Los niños que tienen vegetaciones y unas amígdalas de gran tamaño tienden a presentar este problema. El tejido crece sobre todo entre los 2-3 años para ejercer de defensa ante las pequeñas alteraciones respiratorias que puede acusar el niño (por ejemplo, los resfriados).

Otras causas menos habituales son las malformaciones faciales (los niños que tienen la mandíbula inferior pequeña y retraída), y en la actualidad, y progresivamente en aumento, la obesidad. También se dan ronquidos y apnea-hipoapnea en niños con problemas neuromusculares, como en casos de parálisis cerebral, síndrome de Down (es muy habitual) y con otras patologías, por suerte, mucho menos frecuentes.

¿Cómo saber si nuestro hijo tiene este problema?

Es muy importante que observéis al niño mientras duerme, sobre todo a partir de los 2-3 años, que es cuando más se da esta anomalía. No hace falta que os mantengáis despiertos toda la noche. Será suficiente con vigilarlo durante 30 o 40 minutos cuando lleve una hora dormido.

Los síntomas principales son los siguientes:

- Ronca, sobre todo cuando duerme boca arriba.
- Le cuesta esfuerzo respirar. Observad el pecho del niño. Los músculos del diafragma (la barriga) y los que están entre las costillas se hunden cuando respira, lo que demuestra que se esfuerza para poder respirar.
- Se producen bloqueos totales de la respiración (las apneas), seguidos por un breve e intenso ronquido, cuando los bloqueos terminan. Algunos de estos episodios pueden despertar al niño. Esto supone, además de la falta de entrada de oxígeno, un mal descanso.

Este mal descanso implica que, durante el día, el niño esté más inquieto, hiperactivo, de mal humor, con problemas de conducta y de aprendizaje. Come menos y, en los casos más graves, puede haber problemas de crecimiento. Suelen ser niños que crecen poco porque las interrupciones del sueño no les permiten fabricar la suficiente hormona del crecimiento. Esta hormona, importantísima en los niños, se segrega cuando dormimos, precisamente en la primera mitad de la noche.

La falta de oxígeno puede suponer en los casos graves problemas de hipertensión y cardiovasculares.

Las interrupciones del sueño que provocan las apneas también están relacionadas con el coeficiente intelectual del niño. Los niños con ronquidos y apneas importantes pueden registrar una capacidad intelectual más baja, porque el desarrollo neuronal, que condiciona nuestra capacidad intelectual, tiene lugar mientras dormimos.

- Otro síntoma que podemos observar es que los niños adoptan posturas raras mientras duermen. Estiran el cuello hacia arriba, para que entre más aire cuando respiran, o sudan mucho durante las primeras horas de sueño.

¿Qué hacer cuando observemos esta situación en nuestro hijo?

Lo primero que hay que hacer es comunicárselo al pediatra. Será de gran ayuda para él si podéis entregarle una pequeña filmación casera de cómo duerme vuestro hijo. Hoy en día, la tecnología nos permite realizar vídeos con cualquier cámara fotográfica o con el teléfono móvil. Con sólo unos minutos de grabación, el pediatra podrá comprobar si es necesario realizar más pruebas para confirmar la patología.

Si es así, se remitirá al niño a una Unidad del Sueño donde puedan practicarle un estudio de sueño nocturno (llamado polisomnografía). Consiste en observar al niño durante una noche y anotar objetivamente el número de apneas que realiza y la falta de oxígeno que comportan estos episodios de bloqueo de la respiración. Así conoceremos el grado exacto de la enfermedad.

El tratamiento

Habrá que controlar la causa que produce el problema. En la mayoría de los casos, bastará con extirpar las amígdalas y las vegetaciones. A esta edad, los 2-3 años, es una operación sencilla, con muy escaso riesgo para el niño. El resultado suele ser espectacular. En pocos meses el niño duerme mejor, desaparecen las apneas, aumenta de peso y de talla, y desaparecen los trastornos de conducta, además de mejorar el rendimiento escolar.

Cuando el problema tenga otra causa, el pediatra os indicará el tratamiento más adecuado. Actualmente, la ortodoncia precoz puede contribuir a la prevención de algunos casos.

EL SÍNDROME DE PIERNAS INQUIETAS

Se trata de un problema desconocido para la gran mayoría de los padres, por ser muy nuevo. Los especialistas en sueño y los pediatras empiezan a tenerlo en cuenta, sobre todo porque ahora conocemos cómo diagnosticar y tratar esta patología. Es muy frecuente; un 10 % de los niños de entre 3 y 12 años pueden padecerla en algún momento de su vida. Cuando se conoce, es muy fácil saber si el niño sufre esta enfermedad, ya que se diagnostica a partir de los mismos síntomas que presentan los adultos.

El síndrome consiste en una sensación de malestar en las piernas, difícil de explicar. No es dolor, ni se duermen las piernas, ni es mala circulación. Es algo extraño, una inquietud interior que origina una necesidad imperiosa de mover las piernas. Si nos ponemos a andar o nos movemos, esta sensación puede desaparecer temporalmente. Al niño le costará dormirse, porque no puede estar quieto (y para conciliar el sueño hay que quedarse quietos). Si consigue dormirse, tendrá un sueño superficial y volverá a despertarse fácilmente. Es lo mismo que sucede en los adultos.

Los niños se muestran inquietos, sobre todo al atardecer. Dicen que les duelen las piernas y les cuesta conciliar el sueño. No saben cómo definirlo. Antes de conocerse esta enfermedad, se pensaba que eran «dolores del crecimiento». Ahora sabemos que esto no existe, que es simplemente un niño que tiene el síndrome de piernas inquietas.

Con mucha frecuencia, hay otros miembros de la familia que tienen la misma sensación y la misma dificultad para dormirse y no saben que en realidad padecen el síndrome de piernas inquietas.

Lo que debemos hacer es observar y escuchar bien al niño. Si cuando vuelve de la escuela nos dice que le duelen las piernas y vemos que está inquieto, podemos empezar a sospechar que tiene esta enfermedad. Debemos observar si mientras duerme mueve las piernas, como si diera «patadas». Las moverá cuando esté dormido y esos movimientos pueden incluso llegar a despertarle.

Debemos comunicárselo enseguida al pediatra. Confirmará la enfermedad mediante la historia clínica; si desea estudiar más a fondo las sacudidas nocturnas, solicitará a una Unidad del Sueño que realice una polisomnografía (un estudio de sueño nocturno) y nos preguntará si existen casos similares en la familia. Con estos datos le resultará fácil establecer el diagnóstico. También pedirá un análisis de sangre, para ver la cantidad de hierro que hay en el flujo sanguíneo. Algunos niños tienen anemias leves que causan este problema. Si es así, el pediatra os indicará la medicación adecuada para solucionarlo.

Afortunadamente, hoy tenemos medicamentos específicos para el síndrome, aunque no se deba a la falta de hierro. El pediatra os prescribirá la dosis que debe tomar el niño, siempre bajo su control médico.

Es muy importante diagnosticar la enfermedad correctamente, porque muchos niños que la padecen no siguen un buen tratamiento. Suele confundirse con el síndrome de hiperactividad y déficit de atención. Pero, en realidad, no se trata de niños movidos e inquietos con dificultades para concentrarse, sino que sufren el síndrome de piernas inquietas y deben moverse continuamente para aliviar esta sensación de inquietud tan desagradable. El pediatra os ayudará a no confundir los síntomas.

ENURESIS (mojar la cama)

La enuresis es uno de los problemas más frecuentes durante el sueño de los niños. La dificultad para contener la orina por la noche preocupa a los padres y preocupa a los niños. Concretamente, el 25 % de los niños y el 15 % de las niñas son enuréticos a la edad de 6 años. A los 12 años, el 8 % de niños y el 4 % de niñas lo sigue siendo.

Sin embargo, y a pesar de ser muy frecuente, actualmente continúa siendo un problema mal tratado o simplemente ignorado. Por eso, ante todo, debemos decir que todavía no existe un método infalible para abordar este problema, pero siguiendo las pautas adecuadas, tanto de diagnóstico como de tratamiento, el índice de éxito es muy notable.

Para resolver los problemas de enuresis se han utilizado todo tipo de remedios: castigos, medicamentos, restricciones en la ingesta de agua, etc. Pero lo cierto es que los resultados más eficaces se han logrado mediante técnicas de aprendizaje y modificación de conducta.

¿Cómo detectar los problemas de hacerse pipí en la cama?

- Cuando un niño mayor de 5 años no puede evitar orinarse de forma involuntaria mientras duerme, nos encontramos ante un claro caso de enuresis primaria. Si el trastorno se debe simplemente a un mal control de los esfínteres se puede curar siguiendo un método conductual del mismo tipo que el que empleamos para que aprenda a dormir correctamente.
- En cualquier caso, antes de empezar a enseñarle a controlar los esfínteres por sí mismo —y a prescindir de los pañales si es que los utiliza—, debemos asegurarnos de que no nos hallamos ante un caso de enuresis como consecuencia de un problema médico —algún tipo de alteración orgánica—. Para salir de dudas, lo mejor es que acudáis al pediatra. Este tipo de enuresis es poco frecuente, pero no se nos puede pasar por alto. Se denomina enuresis secundaria y supone un 10 % de todos los casos de esta disfunción. Las causas más frecuentes son las infecciones urinarias, malformaciones de las vías urinarias, vejiga inestable, espina bífida oculta, epilepsia, diabetes y apnea del sueño.

Se puede enseñar al niño a controlar la orina como cualquier otro hábito, como el de dormir

Antes de explicar qué método podéis seguir para curar la enuresis, definiremos en qué consiste exactamente esta alteración. Hoy en día se aceptan los siguientes criterios para definirla:

1. Edad mínima de 5 años.
2. Dos o más episodios de enuresis al mes en los niños entre 5 y 6 años, y uno o más episodios en los mayores de 6 años.
3. Ausencia de trastorno médico (como diabetes, infecciones urinarias o ataques epilépticos).

También hay que diferenciar los casos en los que nunca ha habido control de esfínteres y aquellos en los que la enuresis aparece después de un año de control adecuado. En estos últimos buscaremos preferentemente una causa orgánica.

El tratamiento

Una vez hemos descartado que el problema de enuresis de nuestro hijo tiene una causa física, podemos empezar el tratamiento. Lo primero que haremos es tener en cuenta que, por muy engorroso que pueda resultaros que vuestro hijo se orine en la cama cada noche, él es siempre quien lo pasa peor. «Hacerse pipí como un bebé» supone una gran vergüenza para un niño mayor y le impide llevar una vida normal, porque debe ocultar su problema constantemente. Eso hará que no quiera dormir en casas ajenas, o ir de campamentos o de convivencias. Y, si finalmente se ve obligado a hacerlo, probablemente intentará mantenerse despierto toda la noche para no mojar las sábanas. Las consecuencias ya podéis imaginároslas.

Por estos motivos, la enuresis puede provocar grandes alteraciones del sueño, que están muy relacionadas también con la inseguridad y el complejo de inferioridad que sufre un niño al «sentirse diferente a los demás».

La enuresis es más frecuente en familias donde hay antecedentes previos. Es decir, parece que existen factores genéticos que propician este problema. También parece ser que los niños algo inmaduros son más propensos a sufrirlo. Si estudiamos la capacidad de retención de la vejiga (el lugar donde se almacena la orina), veremos que los niños enuréticos orinan más frecuentemente y en menor cantidad que los niños no enuréticos de su misma edad.

La enuresis es un fenómeno que se produce mientras dormimos, pero los especialistas en sueño todavía no han establecido la causa de este problema. Parece ser que tiene lugar durante el sueño profundo, por lo tanto, decir que un niño se hace pipí porque sueña con agua es un error.

Los estudios científicos actuales demuestran que sólo el 15 % de los enuréticos se cura espontáneamente y la psicopatología (inseguridad, alteraciones emocionales, ansiedad, problemas de conducta, etc.) no provoca enuresis, sino que más bien es una consecuencia. O sea, que un niño inseguro no tiene por qué sufrir enuresis, pero uno que padece este trastorno sí tiene muchas probalidades de volverse inseguro y retraído.

Soluciones

- Siempre debe ser el pediatra quien administre un tratamiento farmacológico. Pero debéis tener en cuenta que sólo suelen ser eficaces durante el período en que se administra la medicación, y además producen efectos secundarios.
- El tratamiento no farmacológico se basa en técnicas de aprendizaje y modificación de conducta:

1. El Stop-Pipí es una especie de «juego de no hacerse pipí» que le explicaréis al niño. Para ello, habréis preparado un calendario especial, y también una serie de pegatinas verdes (muchas) y otra de pegatinas rojas (de éstas sólo le enseñaréis una pequeña cantidad, para demostrarle vuestra confianza en él y la seguridad que tenéis de que lo hará muy bien).

Al día siguiente de comenzar el juego, el niño y los padres adherirán una pegatina verde en la casilla correspondiente del calendario si se ha levantado seco. En caso contrario, el adhesivo será rojo. Ese mismo procedimiento se realizará todos los días.

Seguidamente, habrá que explicarle que después de determinadas secuencias de pegatinas verdes consecutivas, obtendrá un premio o una sorpresa. Las secuencias pueden ser de 3, 5, 7 y 10. En los veinticinco días del Stop-Pipí, el niño habrá aprendido esta conducta y no hará falta seguir reforzándolo con premios, aunque es muy importante seguir diciéndole, durante un tiempo, lo bien que lo está haciendo y lo contentos que estamos con él.

Con este tratamiento se ayuda al niño a que controle sus esfínteres y a que, cada vez que tenga necesidad de orinar, se despierte solo.

2. La interrupción de la micción es un tratamiento que consiste en enseñar al niño unos ejercicios de contracción de la musculatura para controlar la vejiga y ejercitar alternativamente la salida y la interrupción del pipí. El padre o la madre estarán junto al niño mientras hace pipí y le pedirán que lo interrumpa a la mitad. El niño deberá repetir este ejercicio varias veces en cada micción, lo cual no es fácil, pero sí muy útil para educar la musculatura.

CÓMO CONTROLAR EL PIPÍ

1 ◯	2 ◯	3 ◯	4 ◯	5 ◯	6 ◯	7 ◯
8 ◯	9 ◯	10 ◯	11 ◯	12 ◯	13 ◯	14 ◯
15 ◯	16 ◯	17 ◯	18 ◯	19 ◯	20 ◯	21 ◯
22 ◯	23 ◯	24 ◯	25 ◯	26 ◯	27 ◯	28 ◯

Progresión
de los
incentivos
3-5-7-10...

Bien ☺

Mal ☹

Otra posibilidad es utilizar una grabación con señales acústicas (un timbre o un silbato). Cuando comience a orinar, la pondréis en marcha y cuando suene el primer timbre, el niño deberá interrumpir el pipí. Cuando vuelva a sonar seguirá haciéndolo. Y así, alternativamente hasta que finaliza la micción. Es importante que el niño se lo tome como un juego y que practique regularmente, hasta conseguir un control total de los esfínteres. Como en todos los tratamientos de modificación de conducta, es muy importante reforzar positivamente al niño con felicitaciones o alabanzas.

Este método no es tan eficaz como el anterior, ya que se reeduca al niño sólo durante el día, aunque también da buenos resultados, porque soluciona el problema en un 50 % de los casos.

3. **El método de los despertares nocturnos** consiste en despertar al niño determinadas veces durante la noche y acompañarlo al baño para que haga pipí. Es muy importante que el niño esté bien despierto para que sea consciente de que tiene que hacer pipí en aquel momento.

La frecuencia de despertares puede empezar con tres veces cada noche, por ejemplo, a las 12, a las 3 y a las 6 de la madrugada. Cuando veamos que el niño lleva varios días levantándose seco, le despertaremos con menos frecuencia, hasta que finalmente consiga controlar sus esfínteres sin necesidad de levantarlo. Asimismo, cada mañana, cuando se levante seco, le daremos un refuerzo.

Para que este método sea eficaz es esencial que el niño asocie estos despertares a cualquier otra cosa que no sea ir a hacer pipí. Si desarrolla alguna conducta poco adecuada o los padres no lo soportan —como por ejemplo quejarse de que tiene miedo o hambre—, habrá que cambiar de método. Este tratamiento es eficaz si se consigue una buena progresión en un par de meses.

Recapitulemos...

- Además del insomnio inducido por un mal hábito, quizá observemos en el niño otras alteraciones del sueño que no tienen por qué ser graves. Pueden ser parasomnias, fenómenos que suceden cuando nuestro hijo está dormido o medio despierto, como el sonambulismo, los miedos, los terrores nocturnos, las pesadillas, hablar en sueños, hacer rechinar los dientes o los mecimientos involuntarios para conciliar el sueño. También se conocen otras patologías de tipo muscular y respiratorio, como calambres, sobresaltos, parálisis, laringoespasmos, despertar confusional...
- Muchas de las parasomnias desaparecen de manera espontánea con la edad y otras pueden tratarse enseñando al niño a reconocerlas y a relativizarlas, como las pesadillas y los miedos. Cuando el niño las sufre en sueños no merece la pena intentar preguntarle, porque no las recordará y puede angustiarse.
- Entre las patologías que sí conviene observar con atención destacaremos el ronquido y las apneas (interrupción de la respiración por el bloqueo de los tejidos blandos de la garganta, ya sea porque el niño tiene vegetaciones, ya sea porque las amígdalas son muy grandes o tienen alguna malformación); el síndrome de piernas inquietas y la enuresis —hacerse pipí en la cama—. Los descubrimientos de la ciencia nos ayudan en la actualidad a tratar estas dolencias, y el pediatra nos orientará con su diagnóstico y tratamiento. En el caso de la enuresis, la mejor solución radica en reeducar el control de los esfínteres.

▪ Es muy importante observar cómo duerme nuestro hijo para detectar cualquier anomalía. Sólo con que estemos junto a él durante 30 minutos cuando ya lleva una hora dormido, podremos confirmar si tiene algún síntoma de alguna de las alteraciones que hemos explicado en esta parte.

CUARTA PARTE

LAS DUDAS

8

RESPUESTAS A LAS PREGUNTAS MÁS HABITUALES DE LOS PADRES

SOBRE LA APLICACIÓN DEL MÉTODO

Pregunta. ¿Cuándo es el momento idóneo para comenzar el tratamiento?

La consigna es: «No dejéis para mañana lo que podáis hacer esta misma noche». Vuestro hijo tiene que dormir bien cuanto antes y vosotros lo necesitáis tanto como él, así que lo mejor es que no pospongáis el tratamiento y comencéis a aplicarlo tan pronto hayáis acabado de leer estas páginas. Eso sí, antes debéis aseguraros:

- De que estáis totalmente convencidos de lo que vais a hacer: enseñar a dormir a vuestro hijo empleando un sencillo método científico que ha funcionado en todos los casos que los padres y educadores lo han aplicado adecuadamente.
- De que todos los adultos de la casa estáis de acuerdo en aplicarlo. En este sentido, tendréis que explicárselo a las personas que convivan con el niño (abuelos, canguro, etc.) y también al niño —su colaboración es esencial—. Lo que no haréis nunca es negociar con

él la fecha de inicio, porque probablemente jamás encontraría el momento adecuado. Debéis recordar que siempre seréis vosotros quienes llevéis la iniciativa y toméis las decisiones, nunca el niño. Él no sabe lo que es correcto o incorrecto, sois vosotros los que tenéis que enseñarle.

- De que habéis comprendido perfectamente en qué consiste el tratamiento y el porqué de cada una de las acciones que llevaréis a cabo (desde por qué debéis proporcionarle un muñeco a vuestro hijo hasta el motivo por el cual tenéis que esperar unos minutos antes de entrar en su habitación).

- De que la situación es idónea. Es decir, no hay ninguna alteración de la rutina ni del ritmo normal de la familia (ni mudanzas, ni vacaciones, ni salidas de fin de semana, ni visitas de extraños que podrían interferir de algún modo...). Asimismo, es importante que el niño se encuentre bien, que no tenga ninguna enfermedad (otitis, gripe, proceso febril, alergias, reflujo, intolerancia a la leche...). Si el niño enferma a mitad del tratamiento deberéis acudir a consolarle cada vez que llore sin esperar a que pasen los minutos indicados en la tabla de tiempos. Durante estas visitas, haréis todo lo que os aconseje el pediatra, por ejemplo le tomaréis la temperatura, le administraréis la medicación prescrita y si tiene la boquita seca le daréis un poco de agua (para evitar la deshidratación, no para que se calle y se duerma). Siempre debéis ser cariñosos y dulces, pero no condescendientes. Si cambiáis las rutinas durante su enfermedad, después os resultará más difícil volver a ser estrictos.

Pregunta. ¿Qué sucede si una de esas primeras noches perdemos los nervios y damos un grito?

Si perdéis el control, os afectan las conductas incorrectas de vuestro hijo y reaccionáis ante ellas chillándole o discutiendo con él, habréis invalidado el tratamiento y tendréis que volver a empezar desde el principio, lo cual hará que todo sea mucho más lento y fastidioso. No podéis utilizar la excusa de que perdisteis los nervios porque estabais muy cansados. Estáis enseñando a dormir a vuestro hijo y debéis hacerlo bien todo el tiempo. ¿Acaso se os ocurriría justificar que una noche en que estabais muy cansados en vez de darle de comer a vuestro niño con la cuchara le dejasteis tomar la sopa bebiéndola directamente del plato? ¿Tal vez le habéis dado permiso para que se lave los dientes con los dedos?

Con dormir sucede lo mismo. Si optáis por enseñarle a hacerlo correctamente, debéis seguir todas las normas establecidas al pie de la letra y no hacer excepciones según vuestro estado de ánimo. Por supuesto, en ocasiones no podemos evitar interrumpir el tratamiento por culpa de un contratiempo —por ejemplo, en caso de que el niño tuviera que ser hospitalizado por ponerse repentinamente enfermo—. Si esto ocurre, cuando se haya solventado el inconveniente, olvidaremos todo lo que hayamos hecho anteriormente y anunciaremos al niño que vamos a aprender a dormir comenzando de cero.

Pregunta. ¿Es más difícil enseñar a dormir a un bebé o a un niño mayor de 5 años?

En principio, siempre es duro ver que un hijo lo está pasando mal, y es difícil resistirse a la tentación de salir corriendo a consolarle. Poco importa que el niño tenga 2 o 7 años cuando vemos su expresión asustada. Tampoco es fácil hacer oídos sordos al escuchar su llanto, sus gritos y sus quejas intentando convencernos de que sufre un terrible dolor de tripa. Si el niño es pequeño parece más indefenso, pero también es más sencillo tratar con él y enseñarle, porque cuenta con menos recursos para oponer resistencia. En cambio, al crecer, el niño desarrolla mecanismos con los que puede hacer que nos sintamos culpables y dudar. Un niño mayor domina algunas de las técnicas más complejas del chantaje emocional y puede crearnos muchas dificultades cuando queramos mostrarnos impasibles ante sus conductas incorrectas. Por eso, cuando creáis que vais a desfallecer debéis pensar en la recompensa final: sueños reconfortantes y reparadores para toda la familia. Y, sobre todo, recordad que lo estáis haciendo por la salud de vuestro hijo.

De todos modos, si la situación os provoca demasiada angustia podéis utilizar pequeños trucos para calmarle sin que él crea que estáis transigiendo y que, finalmente, ha conseguido que respondáis a sus acciones. Así, si el niño llora mucho —incluso podría ser que él no quisiera que le oyerais, pero lo está pasando realmente mal y no puede reprimir los sollozos—, podéis comentar en voz alta y desde vuestra habitación: «¡Caramba, qué bien lo está haciendo!». Con ello, el niño se calmará, porque sabrá que estáis cerca y a la vez se sentirá animado a continuar aguantando en su cama.

Este refuerzo desde fuera hace que el niño piense: «Mis padres se solidarizan conmigo» y no se siente abandonado. Con esta actitud por parte vuestra, el niño quizá se sienta contrariado porque no le hacéis caso —el comentario de los padres es exclusivamente entre ellos, no dialogan con el niño, es como si no lo escucharan—, pero no se sentirá castigado. Como mucho, pensará que sus padres son muy tozudos.

Si la habitación de vuestro hijo está muy lejos de la vuestra y el niño no puede escuchar vuestra voz a menos que habléis a gritos, es mejor que cambiéis de táctica. Una posibilidad consiste en ir a su cuarto con una buena excusa, nunca porque él os está llamando. Por ejemplo, podéis entrar y colocar unos calcetines limpios sobre la mesilla de noche o coger ropa de su armario. Lo que no podéis hacer nunca es entablar una conversación con él. Se trata de tranquilizarle con vuestra presencia silenciosa, pero nada más. En cualquier caso, debéis recurrir a estas soluciones sólo en casos realmente extremos.

EN OCASIONES ESPECIALES

Pregunta. Antes nuestro hijo dormía con nosotros de vez en cuando, pero desde que nació su hermanita, hace un par de meses, lo hace todos los días. Cuando protestamos, dice que dejamos dormir al bebé con nosotros porque le queremos más. ¿Debemos esperar a que deje de sentir celos para empezar con el tratamiento?

No es recomendable que un niño se enfrente a demasiados cambios de golpe, así que no está de más que esperéis un poco hasta que se habitúe a que ya no es el «único» rey de la casa. Sin embargo, no debéis retrasar demasiado el momento con la excusa de los celos, porque podría eternizarse. Por otro lado, debéis recordar que el momento ideal para que un bebé se traslade del cuarto de sus padres al suyo propio se produce entre el tercer y el sexto mes de vida. Mientras esperáis a que todo se calme, podéis empezar anunciándole que su hermanita también dormirá pronto fuera de la habitación de los papás, como hacen todos los niños mayores.

Pregunta. ¿Qué hacemos durante las vacaciones si tenemos que compartir la habitación del hotel con el niño?

Antes de salir, debéis hacer entender a vuestro hijo que las vacaciones son un período excepcional, que durante unos días las cosas serán distintas, pero que al regresar a casa todo volverá a ser igual y cada cual dormirá en su habitación y en su cama de siempre, porque «eso es lo normal» y las vacaciones y el hotel son excepciones.

Podéis ayudarle a comprenderlo mejor diciéndole que con el colegio sucede lo mismo. Durante las vacaciones no hay clases, pero eso es la excepción. Cuando acaben los días de fiesta, todo el mundo volverá a su rutina, a su vida normal, a la norma: los padres al trabajo y los niños al colegio. Y todo el mundo a su habitación.

Debéis hacer algo similar cuando el niño duerma en casa de otras personas, en casa de los abuelos o de amiguitos. En estas ocasiones es importante que insistáis en que el ejemplo que deben seguir, lo normal, es, una vez más, dormir como lo hace en casa. Es el modelo lo que le dará seguridad. La gran referencia de un niño tienen que ser sus padres. Todo lo demás debe considerarse una excepción.

Pregunta. Desde que mi mujer y yo nos separamos sólo veo a mi hijo uno de cada dos fines de semanas. Cuando viene a casa, el niño insiste en dormir conmigo y yo no me veo con fuerzas para negarle este capricho. ¿Es muy negativo para él?

Sí, lo es. El niño debe dormir solo siempre. Las únicas excepciones permitidas son las vacaciones, si realmente no existe ninguna otra solución. Pero los padres nunca deben convertirse en una excepción, sino en el ejemplo que deben seguir. No importa que estéis separados. Para resolver los problemas de sueño de vuestro hijo es necesario que os coordinéis y que ambos actuéis del mismo modo.

Cuando tu hijo pase el fin de semana contigo debes explicarle que pasaréis todo el día juntos, pero que por la noche dormiréis cada uno en su habitación, porque soñar es algo que se hace a solas. Ya tendréis tiempo de jugar y de charlar a la mañana siguiente.

Del mismo modo, nunca debéis cambiar su horario de ir a dormir para así disfrutar de más horas junto a él. Sería muy egoísta por vuestra parte. Los horarios siempre deben seguirse a rajatabla por el bien del niño.

Pregunta. ¿Qué hacemos si el niño vomita cuando le estamos enseñando a dormir?

Una de las pocas acciones que puede llevar a cabo un bebé para comunicarse con los adultos es el vómito, algo que le resulta muy fácil de provocar y que no reviste mayores consecuencias. Por eso, no debéis hacer caso de este tipo de llamadas de atención. Su vómito no tiene que asustaros y, de ningún modo, debéis modificar vuestra enseñanza. Os limitaréis a limpiarle sin alteraros —sea la hora que sea de la madrugada—, y repetiréis la frase que ya conocéis: «¿Ves, amor mío? Ahora estás muy enfadado y por eso has vomitado, pero no pasa nada. Tus papás te quieren mucho y ahora que estás limpio te enseñarán a dormir. Te vas a quedar aquí con Pepito, el póster y el móvil». De este modo, el bebé se dará cuenta de que su acción no sirve para nada y dejará de hacerla enseguida.

CUANDO APARECEN PARASOMNIAS Y OTRAS ALTERACIONES

Pregunta. ¿Una lamparita que dé una luz muy tenue puede acabar con el problema del miedo a la oscuridad?

Como explicábamos en el capítulo dedicado a los miedos, el verdadero temor de los niños insomnes suele tener su raíz en la inseguridad que sienten respecto a su hábito de sueño y no a la oscuridad propiamente dicha. Lo que sí es cierto es que cuando todo está oscuro lo pasan peor, pero en eso no se distinguen demasiado de los adultos.

En cualquier caso, la luz no es un elemento externo asociado al sueño de las personas mayores. Nadie suele dormir con la lámpara de la habitación encendida. Por lo tanto, enseñaremos al niño a no necesitarla. En vez de comprarle una lamparilla especial, le explicaremos cómo funciona la luz de su habitación y nos aseguraremos de que puede accionar el interruptor sin necesidad de levantarse de la cama, para evitar que pueda tropezar mientras lo busca.

A continuación, le autorizaremos a encender la luz siempre que quiera ir al baño o a la cocina a buscar agua, pero también le dejaremos muy claro que debe apagarla en cuanto esté de vuelta en su cama. Salvo los casos excepcionales en que existe un miedo de tipo patológico, los niños con problemas de insomnio no tienen miedo a la oscuridad, sino a enfrentarse con un hábito de dormir que no controlan y que les produce mucha inseguridad. Lo que sucede es que en la oscuridad todo les parece mucho más tremendo y su fantasía puede desbordarse con mayor facilidad e inventar monstruos más grandes y horripilantes que durante el día. Así que no debéis preocuparos si sólo se queja de miedos durante la noche.

En cualquier caso, la luz no debe ser un elemento externo asociado al sueño. Por este motivo, no le dejaremos tenerla encendida mientras se queda dormido, porque si después se la apagamos y el niño se despierta a medianoche la echará de menos y volverá a tener problemas para conciliar el sueño. Por ese motivo, también quedan descartadas las lamparillas de iluminación tenue y los posibles artefactos emparentados con «Gusiluz», aquel muñeco con forma de oruga y cuya cabeza brillaba como si hubiera sufrido una insolación.

Pregunta. Nuestro hijo tiene despertares repetitivos y le estamos dando un tranquilizante. ¿Puede ser perjudicial o contraproducente si seguimos este tratamiento?

Lo que está claro es que ningún medicamento inductor del sueño resuelve el problema del «insomnio aprendido», porque, como ya hemos analizado anteriormente, no se trata de ninguna enfermedad, sino de un mal aprendizaje del hábito de dormir. Por lo tanto, el insomnio de vuestro hijo no debe tratarse con tranquilizantes, sino «reeducando» su hábito, sus rutinas.

Sin entrar en detalles sobre los posibles efectos secundarios de este tipo de fármacos en el organismo de un menor, la experiencia demuestra que los tranquilizantes sólo consiguen que el niño esté algo más calmado mientras está despierto. Pero no evitará que sufra despertares si ése es su problema, como tampoco impedirá que os eche de menos cuando se despierte en uno de los intervalos que separan los distintos ciclos del sueño.

Pregunta. Después de aprender a dormir correctamente, ¿existe la posibilidad de que nuestro hijo vuelva a tener problemas de sueño?

No es frecuente, pero puede ocurrir. Y, realmente, depende de vosotros. Para empezar, hay que tener en cuenta que el niño que tiene dificultades con el sueño se angustia mucho. Cuando finalmente soluciona el problema se siente muy feliz y lo que menos desea es volver a pasar por ese suplicio.

Sin embargo, podría suceder que tras sufrir algún disgusto o una situación conflictiva —desde pelearse en el colegio hasta tener fiebre alta—, el niño busque de nuevo la sobreprotección de sus padres e incluso puede llegar a pedirles que le dejen dormir con ellos, excepcionalmente. De vosotros depende no ceder y no reforzar conductas inadecuadas cuando el niño se encuentre en una situación anímica baja. Por el contrario y, como siempre insistimos, lo que debéis hacer es recordarle lo alegre que está normalmente y lo bien que hace las cosas cuando se siente contento y tranquilo.

Por otro lado, es muy difícil que se repita el trastorno de vuestro hijo, porque él no es el único que ha aprendido la lección. También vosotros habéis descubierto cómo enseñarle a dormir y ahora sabéis que es posible conseguirlo. Ya no sois aquellos padres que decían «haberlo probado todo» sin resultado. Ahora sabéis que es posible acabar con el insomnio de vuestro hijo, y esa nueva actitud vuestra es determinante para que el niño no vuelva a sentirse inseguro en su hábito. Vosotros no vais a transmitirle ningún tipo de miedo ni inseguridad. Y después de descansar noche tras noche, todos os sentiréis más relajados y felices, con menos razones para «perder el sueño».

BIBLIOGRAFÍA CIENTÍFICA

Desde 1970, varios científicos especialistas en Medicina del Sueño hemos llevado a cabo investigaciones sobre el dormir de los más pequeños. Estos artículos nos han servido de base para elaborar todos los consejos que os hemos explicado en este libro.

A continuación, encontraréis las referencias de ciento cuarenta trabajos publicados en las revistas médicas más prestigiosas y que demuestran los conceptos científicos en que están basadas las recomendaciones que os acabamos de proponer.

1. Aasm, «International Classification of Sleep Disorders: Diagnostic and Coding Manual», 2nd Ed. Westchester, Il: *American Academy of Sleep Medicine,* 2005.
2. Adair, R., Bauchner, H., Philipp, B., Levenson, S., Zuckerman, B., «Night Waking During Infancy: Role of Parental Presence at Bedtime», *Pediatrics*, 1991,87(4):500-4.
3. Adams, L., Rickert, V., «Reducting Bedtime Tantrums: Comparison Between Positive Routines and Graduated Extinction», *Pediatrics*, 1989, 84: 756-761.
4. Ali, N., Pitson, D., Stradling, J. «Snoring, Sleep Disturbance and Behaviour in 4-5 Years Old», *Arch. Dis. Child*, 1993 Mar, 68(3):360-6.
5. American Academy of Pediatrics: «Sleep Problems», en Guidelines for Health Supervision Ii. Elk Grove Village, Il: *American Academy of Pediatrics*, 1988.

6. Anders, T., Halpern, L., Hua, J., «Sleeping Through the Night: A Developmental Perspective», *Pediatrics*, 1992, 90(4):554-60.
7. Anders, T., Keener, M., Kraemer, H., «Sleep-Wake State Organization, Neonatal Assessment and Development in Premature Infants during the First Year of Life», Ii. *Sleep*, 1985, 8;193-206.
8. Anders, T., Keener, M., «The Developmental Course of Nighttimes Sleep-Wake Patterns in Full-Term and Premature Infants», *Sleep*, 1985, 8;173-92.
9. Archbold, K., Pituch, K., Panahi, P., Chervin, R., «Symptoms of Sleep Disturbances Among Children at Two General Pediatric Clinics», *J. Pediatr.*, 2002, 140(1):97-102.
10. Aserinsky, E., Kleitman, N., «Regularly Occurring Periods of Ocular Mobility and Concomitant Phenomena during Sleep», *Science*, 1953, 118:361-75.
11. Bates, J., Viken, R., Alexander, D., Beyers, J., Stockton, L., «Sleep and Adjustment In Preschool Children: Sleep Diary Reports by Mothers Relate to Behavior Reports by Teachers», *Child. Dev.*, 2002, 73(1): 62-74.
12. Bayley, D., «Evaluating Parent Incolvement and Family Support in Early Intervention and Preschool Programs», *Journal of Early Intervention*, 2001, 24(1):1-14.
13. Beebe, D., Gozal, D., «Obstructive Sleep Apnea and Prefrontal Cortex: Towards a Comprehensive Model Linking Nocturnal Upper Airway Obstruction to Daytime Cognitive and Behavioural Deficits», *J. Sleep Res.*, 2002, 11:1-16.
14. Benoit, O., «Chronobiology and Endogenous Disorders of the Sleep-Wake Rhythm», *Rev. Prat.*, 1988, 38(24):1721-4.
15. Birnholz, J., «The Development of Human Fetal Eye Movement Patterns», *Science*, 1981, 213:679-81.
16. Blader, J., Koplewicz, H., Abikoff, H., Foley, C., «Sleep Problems of Elementary School Children», *Arch. Pediatr. Adolesc. Med.*, 1997 May, 151(5):473-80.

17. Blair, P., Fleming, P., Smith, I., *et al.*, «Babies Sleeping With Parents: Case-Control Study of Factors Influencing the Risk of the Sudden Infant Death Syndrome», *Cesdi Sudi Research Group*, Bmj 1999, 319:1457-61.
18. Boergers, J., Hart, C., Owens, J., Streisand, R., Spirito, A., «Child Sleep Disorders: Associations with Parental Sleep Duration and Daytime Sleepiness», *J. Fam. Psychol.*, 2007, 21(1):88-94.
19. Burnham, M., Goodlin-Jones, B., Gaylor, E., Anders, T., «Nigthtime, Sleep-Wake Patterns, and Self-Soothing From Birth to One Year of Age: A Longitudinal Intervention Study», *J. Child Psychol. Psychiatry*, 2002, 43:713-725.
20. Carskadon, M. (ed.), *Adolescent Sleep Patterns: Biological, Social, and Psychological Influences*, Cambridge University Press, Cambridge, 2002.
21. Coons, S., Guilleminault, C., «Development of Consolidated Sleep/Wakeful Periods in Relation to the Day/Night Cycle in Infancy», *Dev. Med. Child Neurol.*, 1984, 26;169-76.
22. Cortesi, F., Giannotti, F., Sebastiani, T., Vagnoni, C., Marioni, P., «Cosleeping Versus Solitary Sleeping In Children with Bedtime Problems: Child Emotional Problems and Parental Distress», *Behav. Sleep Med.*, 2008, 6(2):89-105.
23. Czikk, M., Sweeley, J., Homan, J., Milley, Jr., Richardson, B., «Cerebral Leucine Uptake and Protein Synthesis in the Near-Term Ovine Fetus: Relation to Fetal Behavioral State», *Am. J. Physiol. Regul. Integr. Comp. Physiol.*, 2002, 284:200-7.
24. Dahl, R., «The Impact of Inadequate Sleep on Children's Daytime Cognitive Function», *Semin. Pediatr. Neurol.*, 1996, 3:44-50.
25. De Roquefeuil, G., Djakovic, M., Montagner, H., «New Data on the Ontogeny of the Child's Sleep-Wake Rhythm», *Chronobiol Int.*, 1993, 10(1):43-53.
26. Dreyfus-Brisac, C., «Ontogenesis of Sleep in Human Prematures after 32 weeks of Conceptional Age», *Dev. Psychobiol.*, 1970, 3:91-121.
27. Dreyfus-Brisac, C., Monod, N., *The Electroencephalogram of Full-Term Newborns and Premature Infants*, Handbook of Electroencephal Clin Neurophysiol. Amsterdam: Elservier Ed. 1972.

28. Durand, V., Mindell, J., «Behavioural Treatment of Multiple Childhood Sleep Disorders: Effects on Childhood and Family», *Behav. Med.*, 1990, 14:37-49.
29. Eckerberg, B., (2004) «Treatment of Sleep Problems in Families With Young Children: Effects of Treatment on Family Well-Being», *Acta Paediatrica*, 1993, 1:126-134.
30. Ednick, M., Cohen, A., Mcphail, G., Beebe, D., Simakajornboon, N., Amin, R., «A Review of the Effects of Sleep During the First Year of Life on Cognitive, Psychomotor, and Temperament Development», *Sleep*, 2009, 32(11):1449-58.
31. Estivill, E., Cilveti, R., Barraquer, A., Chimeno, E., Martínez, C., «Ferber's Progressive Approach. Results when Applied to 47 Children with Sleep Onset Association Disorder», *Sleep Res.*, 1991,20: 310.
32. Estivill, E., Estivill, C., Roure, N., Segarra, F., Albares, J., Pascual, M., «Hábitos adecuados de sueño compatibles con lactancia materna a demanda», *Rev. Pediatr. Aten. Primaria*, 2008, 10:207-16.
33. Estivill, E., Segarra, F., Roure, N., «El insomnio de inicio y mantenimiento en la infancia», *Pediatría Integral*, 2010, XIV(9):701-6.
34. Estivill, E., «Duérmete niño: 12 años de experiencia. Revisión crítica», *An. Pediatr.* (Barc.), 2002, 56(1):35-9.
35. Estivill, E., «Insomnio infantil por hábitos incorrectos», *RevNeurol* 2000, 30 (2):188-91.
36. Estivill, E., «Insomnio infantil», *Acta Pediátrica Española*, 1994, 52(7):398-401.
37. Estivill, E., «Situación actual de los trastornos del sueño en la infancia», *Rev. Pedr. Atenc. Prim.*, 2002, 16:4.
38. Estivill, E., «Uso de fármacos hipnóticos en los lactantes y en los niños de corta edad», *An. Esp. Pediatr.*, 1995, 43:335-8.
39. Fagioli, I., Salzarulo, P., «Sleep State Development in the first year of Life Assessed Though 24-H Recordings», *Early Hum. Dev.*, 1982, 6;215-28
40. Fallone, G., Owens, J., Deane, J., «Sleepiness in Children and Adolescents: Clinical Implications», *Sleep Med. Rev.*, 2002, 6(4):287-306.

41. Ferber, R., Kryger, M., (eds.). *Principles and Practice of Sleep Medicine in the Child,* WB Saunders, Filadelfia, 1995.
42. Ferber, R., «Sleeplessness in the Child», en: Kryger, M., Roth, T., Dement, W., (Eds.): *Principles and Practice of Sleep Medicine,* W. B. Saunders Company, Filadelfia, 1989, 633-639.
43. Ferber, R., *Solve Your Child's Sleep Problems,* Dorling Kindersley, Londres, 1986.
44. Ferber, R., *Solve your Child's Sleep Problems,* Simon & Schuster, Nueva York, 1985.
45. France, K., Hudson, S., «Behavior Management of Infant Sleep Disturbance», *J. App. Behav. Anal,* 1990, 23:91-98.
46. Gais, S., Plihal, W., Wagner, U., Born, J., «Early Sleep Triggers Memory for Early Visual Discrimination Skills», *Nat Neurosci,* 2000, 3:1335-1339.
47. Gitto, E., Aversa, S., Reiter, R., Barberi, I., Pellegrino, S., «Update on the use of Melatonin In Pediatrics», *J Pineal Res,* 2010, 50(1):21-8.
48. Goodlin-Jones, B., Burnham, M., Gaylor, E., Anders, T., «Night Waking, Sleep-Wake Organization, and Self-Soothing In the First Year of Life», *J. Dev. Behav. Pediatr.,* 2001; 22(4):226-33.
49. Hansen, M., Janssen, I., Schiff, A., Zee P., Dubocovic, M., «The Impact of School Daily Schedule on Adolescent», *Sleep Pediatrics,* 2005, 115:1555-1561.
50. Hata, T., Kanenishi, K., Akiyama, M., Tanaka, H., Kimura, K., «Real-Time 3-D Sonographic Observation of Fetal Facial Expression», *J. Obstet. Gynaecol. Res.,* 2005 Aug, 31(4):337-40.
51. Heath, A., Kendler, K., Eaves, L., Martin, N., «Evidence for Genetic Influences on Sleep Disturbance and Sleep Pattern In Twins», *Sleep,* 1990, 13(4):318-35.
52. Henderson, J., France, K., Owens, J., Blampied, N., «Sleeping Through the Night: the Consolidation of Self-Regulated Sleep Across the First Year of Life», *Pediatrics,* 2010, 126(5):1081-7.
53. Hiscock, H., Wake, M., «Randomised Controlled Trial of Behavioural

Infant Sleep Intervention to Improve Infant Sleep and Maternal Mood», *BMJ*, 2002, 324:1062.
54. Hoebert, M., Van Der Heijden, K., Van Geijlswijk., Smits, M., «Long-Term Follow-Up of Melatonin Treatment in Children With ADHD and Chronic Sleep Onset Insomnia», *J. Pineal. Res.*, 2009, 47(1):1-7.
55. Hoppenbrouwers, T., Hodgman, J., Harper, R., Sterman, M., «Temporal Distribution of Sleep States, Somatic and Autonomic Activity During the First Month of Life», *Sleep*, 1982, 5;131-44.
56. Horne, R., Parslow, P., Ferens, D., Watts, A., Adamson, T., «Comparison of Evoked Arousability In Breast and Formula Fed Infants», *Arch. Dis. Child*, 2004, 89(1):22-5
57. Idiazábal, M., Estivill, E., «Tratamiento del insomnio en niños: aspectos farmacológicos», *An. Pediatr.* (Barc.), 2003, 59(3):239-45.
58. Ivanenko, A., Crabtree, V., Gozal, D., «Sleep in Children with Psychiatric Disorders», *Pediatr. Clin. North. Am.*, 2004, 51(1):51-68.
59. Jenni, O., Fuhrer, H., Iglowstein, I., Molinari, L., Largo, R., «A Longitudinal Study of Bed Sharing and Sleep Problems Among Swiss Children in the First 10 Years of Life», *Pediatrics*, 2005, 115(1 Suppl): 233-40.
60. Johnson, E., Chilcoat, H., Breslau, N., «Trouble Sleeping and Anxiety/ Depression In Childhood», *Psychiatry Res.*, 2000, 94(2):93-102.
61. Johnson, E., Roth, T., Schultz, L., Breslau, N., «Epidemiology of DSM-IV Insomnia in Adolescence: Lifetime Prevalence, Chronicity, and an Emergent Gender Difference», *Pediatrics*, 2006, 117:247- 256.
62. Johnson, N., McMahon, C., «Preschoolers' Sleep Behaviour: Associations With Parental Hardiness, Sleep-Related Cognitions and Bedtime Interactions», *J. Child. Psychol. Psychiatry*, 2008, 49(7):765-73.
63. Jones, D., Verduyn, C., «Behavioral Management of Sleep Problems», *Arch. Dis. Child.*, 1983, 58:442-4.
64. Kataria, S., Swanson, M., «Trevathan GE, Persistence of Sleep Disturbances in Preschool Children», *J. Pediatr.*, 1987, 110(4):642-6.
65. Keller, P., El-Sheikh, M., Buckhalt, J., «Children's Attachment to Pa-

rents and their Academic Functioning: Sleep Disruptions as Moderators of Effects», *J. Dev. Behav. Pediatr.*, 2008, 29(6):441-9.

66. Keren, M., Feldman, R., Tyano, S., «Diagnoses and Interactive Patters of Infants Referred to a Community-Based Infant Mental Health Clinic», *J. Am. Acad. Child. Adolesc. Psychiatry,* 2001, 40:27-35.
67. Kheirandish, L., Gozal, D., «Neurocognitive Dysfunction in Children with Sleep Disorders», *Developmental Science,* 2006, 9(4):388-99.
68. Klackemberg, G., «Incidence of Parasomnias in Children in General Population», en Guilleminault, C., (ed.), *Sleep and its Disorders in Children,* Raven Press, Nueva York, 1987.
69. Lam, P., Hiscock, H., Wake, M., «Outcomes of Infant Sleep Problems: A Longitudinal Study of Sleep, Behavior, and Maternal Well-Being», *Pediatrics,* 2003, 111(3):203-7.
70. Lavigne, J., Arend, R., Rosenbaum, D., Smith, A., Weissbluth, M., Binns, H., *et al.*, «Sleep and Behavior Problems Among Preschoolers», *J. Dev. Behav. Pediatr.* 1999; 20:164-9.
71. Lawton, C., France, K., Blampied, N., «Treatment of Infant Sleep Disturbance by Graduated Extinction», *Child. Fam. Behav. Ther.*, 1991, 13:39-56.
72. Lebourgeois, M., Giannotti, F., Cortes, F., Wolfson, A., Harsh, J., «The Relationship Between Reported Sleep Quality and Sleep Hygiene in Italian and American Adolescents», *Pediatrics,* 2005, 115:257-65.
73. Lesson, R., Barbour, J., Romaniuk, D., Warr, R., «Management of Infant Sleep Problems in a Residential Unit», *Child. Care Health Dev.*, 1994, 20:89-100.
74. Litt, C., «Theories of Transitional Object Attachment: An Overview», *International Journal of Behavioral Development*, 1986, 9:383-99.
75. Lozoff, B., Wolf, A., Davis, N., «Cosleeping In Urban Families with Young Children in the United States», *Pediatrics,* 1984, 74(2):171-82.
76. Lozoff, B., Wolf, A., Davis, N., «Sleep Problems Seen in Pediatric Practice», *Pediatrics,* 1985, 75(3):477-83.
77. Macchi, M., Bruce, J., «Human Pineal Physiology and Functional Significance of Melatonin», *Front Neuroendocrinol,* 2004, 25:177-95.

78. Mahalski, P., «The Incidence of Attachment Objects and Oral Habits at Bedtime in two Longitudinal Samples of Children Aged 1.5-7 Years», *J. Child. Psychol. Psychiatry*, 1983, 24(2):283-95.
79. McGarvey, C., McDonnell, M., Hamilton, K., O'Regan, M., Matthews, T., «An 8 Year Study of Risk Factors for SIDS: Bed-Sharing Versus Non-Bed-Sharing», *Arch. Dis. Child.*, 2006, 91(4):318-23.
80. McGraw, K., Hoffmann, R., Harker, C., Herman, J., «The Development of Circadian Rhythms in a Human Infant», *Sleep*, 1999, 22(3):303-10.
81. Meijer, A., Habekothe, R., Van Den Wittenboer, G., «Mental Heatlh, Parental Rules and Sleep in Pre-Adolescents», *J. Sleep Res.*, 2001, 10: 297-302.
82. Meltzer, L., Johnson, C., Crosette, J., Ramos, M., Mindell, J., «Prevalence of Diagnosed Sleep Disorders in Pediatric Primary Care Practices», *Pediatrics*, 2010, 125(6):1410-8.
83. Meltzer, L., Mindell, J., «Relationship Between Child Sleep Disturbances and Maternal Sleep, Mood, and Parenting Stress: A Pilot Study», *J. Fam. Psychol.*, 2007, 21(1):67-73.
84. Meltzer, L., Mindell, J., «Sleep and Sleep Disorders in Children and Adolescents», *Psychiatr. Clin. North. Am.*, 2006, 29(4):1059-76.
85. Menna-Barreto, L., Benedito-Silva, A., Márquez, N., Morato de Andrade, M., Louzada, F., «Ultradian Components of the Sleep-Wake Cycle In Babies», *Chronobiology International*, 1993. 10;2;103-8.
86. Minde, K., «Review: Drug and Non-Drug Treatments are Effective in Settling Problems and Night Waking in Young Children but the Long Term Effectiveness of Non-Drug Treatments is More Evident», *Evid. Based Ment. Health*, 2000, 3(3):86.
87. Minde, K., «Review: Long Term Effectiveness of Non-Drug Treatments For Sleep Problems in Young Children is more Evident», *Evid. Based Med.*, 2000, 5(5):148.
88. Mindell, J., Durand, V., «Treatment of Childhood Sleeps Disorders: Generalization Across Disorders and Effects on Family Members», *J. Ped., Psychol.*, 1993, 18:731-50.

89. Mindell, J., Emslie, G., Blumer, J., Genel, M., Glaze, D., Ivanenko, A., *et al.*, «Pharmacologic Management of Insomnia in Children and Adolescents: Consensus Statement», *Pediatrics*, 2006, 117(6):1223-32.
90. Mindell, J., Kuhn, B., Lewin, D., Meltzer, L., Sadeh, A., «Behavioral Treatment of Bedtime Problems and Night Wakings in Infants and Young Children», *Sleep*, 2006, 29(10):1263-76.
91. Mindell, J., Moline, M., Zendell, S., Brown, L., Fry, J., «Pedriatricians and Sleep Disorders: Training and Practice», *Pediatrics*, 1994, 94(2 Pt 1):194-200.
92. Mindell, J., Owens, J., *A Clinical Guide to Pediatric Sleep: Diagnosis and Management of Sleep Problems*, 2.ª ed., Lippincott, Filadelfia, 2009.
93. Mindell, J., Telofski, L., Wiegand, B., Kurtz, E., «A Nightly Bedtime Routine: Impact on Sleep in Young Children and Maternal Mood», *Sleep*, 2009, 32(5):599-606.
94. Mindell, J., «Empirically Supported Treatments in Pediatric Psychology: Bedtime Refusal and Night Wakings in Young Children», *J. Pediatr. Psychol.*, 1999, 24(6):465-81.
95. Moore, M., «Bedtime Problems and Night Wakings: Treatment of Behavioral Insomnia of Childhood», *J. Clin. Psychol.*, 2010, 66(11):1195-204.
96. Morgenthaler, T., Owens, J., Alessi, C., Boehlecke, B., Brown, T., Coleman. J, Jr., *et al.*, «Practice Parameters For Behavioral Treatment of Bedtime Problems and Night Wakings in Infants and Young Children», *Sleep*, 2006, 29(10):1277-81.
97. Morrell, J., Steele, H., «The Role of Attachment Security, Temperament, Maternal Perception, and Care-Giving Behavior in Persistent Infant Sleeping Problems», *Infant Mental Health Journal*, 2003, 24(5):447-68.
98. Morrell, J., «The Role of Maternal Cognitions in Infant Sleep Problems as Assessed by a New Instrument, the Maternal Cognitions about Infant Sleep Questionnaire», *J. Child. Psychol. Psychiatry*, 1999, 40(2): 247-58.

99. Mosko, S., Richard, C., McKenna, J., Drumond, S., «Infant Sleep Architecture During Bedsharing and Possible Implications for SIDS», *Sleep*, 1996, 19(9): 677-84.
100. Navelet, Y., Benoit, O., Bouard, G., «Nocturnal Sleep Organization During the First Months of Life», *Electroencephalogram Clin. Neurophysiol.*, 1982, 54:71-89.
101. Nelson, E., Taylor, B., Jenik, A., Vance, J., Walmsley, K., Pollard, K., *et al.*, «International Child Care Practices Study: Infant Sleeping Environment», *Early Hum. Dev.*, 2001, 62(1):43-55.
102. Organización Mundial de la Salud, «Nutrición del lactante y del niño pequeño: Estrategia mundial para la alimentación del lactante y del niño pequeño», *A55/15*, OMS, Ginebra, 2002.
103. Ottaviano, S., Giannotti, F., Cortesi, F., Bruni, O., Ottaviano, C., «Sleep Characteristics in Healthy Children from birth to 6 Years of Age in the Urban Area of Rome», *Sleep*, 1996, 19:1-3.
104. Owens, J., Rosen, C., Mindell, J., «Medication use in the Treatment of Pediatric Insomnia. Results of a Survey of Community-Based Pediatricians», *Pediatrics*, 2003, 111:628-35.
105. Owens, J., Spirito, A., McGuinn, M., Nobile, C., «Sleep Habits and Sleep Disturbance in Elementary School-Aged Children», *J. Dev. Behav. Pediatr.*, 2000, 21(1):27-36.
106. Parmelee, A., Wenner, W., Schulz, H., «Infant Sleep Patterns from birth to 16 weeks of age», *J, Pediatr.*, 1964, 65:576-82.
107. Pascual, M., Estivill, E., Albares, J., «Trastornos del sueño en la infancia», *An. Pediatr. Contin.*, 2007, 5:302-7.
108. Peirano, P., Algarín, A., Uauy, R., «Sleep-Wakes States and their Regulatory Mechanisms Throughout Early Human Development. *J. Pediatr.*, 2003, 143:70-9.
109. Pelissolo, A., Lecendreux, M., Mouren-Simeoni, M., «Use of Hypnotics in Children: Description and Analysis», *Arch. Pediatr.*, 1999, 6(6):625-30.
110. Petrikovsky, B., Kaplan, G., Holsten, N., «Eyelid Movements in Normal Human Fetuses», *J. Clin. Ultrasound*, 2003, 31(6):299-301.

111. Pin, G., Lluch, A., Borja, F., «El pediatra ante los trastornos del sueño», *An. Esp. Pediatr.*, 1999, 50:247-52.
112. Pollock, J., «Night-Waking at Five Years of Age: Predictors and Prognosis», *J. Child. Psychol. Psychiatry*, 1994, 35(4):699-708.
113. Pollock, J., «Predictors and Long-Term Associations of Reported Sleep Difficulties in Infancy», *J. Reprod. Infant Psychol.*, 1992, 10:151-68.
114. Ramchandani, P., Wiggs, L., Webb, V., Stores, G., «A Systematic Review of Treatments for Settling Problems and Night Waking in Young Children», *BMJ*, 2000, 320:209-213.
115. Richman, N., Douglas, J., Hunt, H., Lansdown, R., Levere, R., «Behavioural Methods in the Treatment of Sleep Disorders: A Pilot Study», *J. Child. Psychol. Psychiatry*, 1985, 26(4):581-90.
116. Richman, N., «A Community Survey of Characteristics of one-to-two-year-olds with Sleep Disruptions», *J. Am. Acad. Child. Psychiatry*, 1981, 20(2):281-91.
117. Rickert, V., Johnson, C., «Reducing Nocturnal Awakening and Crying Episodes in Infants and Young Children: A Comparison Between Scheduled Awakenings and Systematic Ignoring», *Pediatrics*, 1998, 81: 203-12.
118. Sadeh, A., Anders, T., «Infant Sleep Problems. Origins, Assessment, Interventions», *Infant Mental Health Journal*. 1993; 14(1):17-34.
119. Sadeh, A., Gruber, R., Raviv, A., «Sleep, Neurobehavioral Functioning, and Behavior Problems in School-Age Children», *Child. Dev.*, 2002, 73(2):405-17.
120. Sadeh, A., Sivan, Y., «Clinical Practice: Sleep Problems During Infancy», *Eur, J, Pediatr,*. 2009, 168(10):1159-64.
121. Sadeh, A., Tikotzky, L., Scher, A., «Parenting and Infant Sleep», *Sleep Med. Rev.*, 2010, 14(2):89-96.
122. Sadeh, A., «Cognitive-Behavioral Treatment for Childhood Sleep Disorders», *Clin. Psychol. Rev.*, 2005, 25(5):612-28.
123. Sepulveda, W., Mangiamarchi, M., «Fetal Yawning», *Ultrasound Obstet. Gynecol.*, 1995, 5(1):57-9.

124. Sheldon, S., *Evaluating Sleep in Infants and Children*, Lippincott- Raven, Filadelfia,1996.
125. Spruyt, K., Aitken, R., So, K., Charlton, M., Adamson, T., Horne, R., «Relationship Between Sleep/Wake Patterns, Temperament and Overall Development in Term Infants over the first year of Life», *Early Hum. Dev.*, 2008, 84(5):289-96.
126. St. James-Roberts, I., Sleep, J., Morris, S., Owen, C., Gillham, P., «Use of a Behavioural Programme in the First 3 Months to Prevent Infant Crying and Sleeping Problems», *J. Paediatr. Child. Health*, 2001, 37(3):289-97.
127. Stores, G.. «Practitioner Review: Assessment and Treatment of Sleep Disorders in Children and Adolescents», *J. Child. Psychol. Psychiatry*, 1996, 37(8):907-25.
128. Teti, D., Kim, B., Mayer, G., Countermine, M., «Maternal Emotional Availability at Bedtime Predicts Infant Sleep Quality», *J. Fam. Psychol.*, 2010, 24(3):307-15.
129. Thunstrom, M.. «Severe Sleep Problems in Infancy Associated with Subsequent Development of Attention-Deficit/Hyperactivity Disorder at 5.5 Years of Age», *Acta Paediatr.*, 2002, 91(5):584-92.
130. Tikotzky, L., Sadeh, A., «Maternal Sleep-Related Cognitions and Infant Sleep: A Longitudinal Study from Pregnancy through the 1st Year», *Child. Dev.*, 2009, 80(3):860-74.
131. Tikotzky, L., Sadeh, A., «The Role of Cognitive-Behavioral Therapy in Behavioral Childhood Insomnia», *Sleep Med.*, 2010, 11(7):686-91.
132. Tipene-Leach, D., Hutchison, L., Tangiora, A., Rea, C., White, R., Stewart, A., *et al.*, «SIDS-Related Knowledge and Infant Care Practices Among Maori Mothers», *N. Z. Med. J.*, 2010, 123(1326):88-96.
133. Tosh, K., Mcguire, W.. «Ad Libitum or Demand/Semi-Demand Feeding Versus Scheduled Interval Feeding for Preterm Infants», *Cochrane Database Syst. Rev.*, 2006, 3:CD005255.
134. Touchette, E., Petit, D., Paquet, J., Boivin, M., Japel, C., Tremblay RE, *et al.*, «Factors Associated with Fragmented Sleep at Night Across Early Childhood», *Arch. Pediatr. Adolesc. Med.*, 2005, 159(3):242-9.

135. Walusinski, O., «Yawning: from Birth to Senescence», *Psychol. Neuropsychiatr. Vieil*, 2006 Mar, 4(1):39-46.
136. Weir, I., Dinnick, S., «Behaviour Modification in the Treatment of Sleep Problems Occurringin Young Children: A Controlled Trial Using Health Visitors as Therapists», *Child. Care Healthm. Dev.*, 1988, 14:355-367.
137. Williams, C., «The Elimination of Tantrum Behaviour by Extinction Procedures», *J. Abnorm. Soc. Psychol.*, 1959, 59:269.
138. Wise, M., «Does Melatonin Improve Sleep? Muddles With Melatonin», *BMJ*, 2006, 332(7540):550.
139. Yigiter, A., Kavak, Z., «Normal Standards of Fetal Behavior Assessed by Four-Dimensional Sonography», *J. Matern Fetal Neonatal Med.*, 2006 Nov, 19(11):707-21.
140. Zuckerman, B., Stevenson, J., Bailey, V., «Sleep Problems in Early Childhood: Continuities, Predictive Factors, and Behavioral Correlates», *Pediatrics*, 1987, 80(5):664-71.

DIRECCIONES ÚTILES

EN ESPAÑA

UNIDADES DE SUEÑO EN BARCELONA

Clínica del Sueño Dr. Estivill

USP Institut Universitari Dexeus

Gran Via Carles III, 75, Edifici Jardín, 1.ª planta

08028 Barcelona

Tel. 93 212 13 54

Hospital Vall d' Hebron

DRA. ODILE ROMERO

Passeig Vall d'Hebron, 119-129

08035 Barcelona

Tel. 93 274 61 57

Hospital Clínic

DR. JOAN SANTAMARÍA

Villarroel, 170

08036 Barcelona

Tel. 93 227 54 00

UNIDAD DE SUEÑO. HOSPITAL GENERAL DE CATALUNYA

DR. FRANCESC SEGARRA

Agustí Pedro i Pons, 1

08195 Sant Cugat del Vallès (Barcelona)

Tels. 93 565 60 00 y 902 533 333 (para concertar visita)

UNIDAD DE SUEÑO EN ALICANTE

DRA. PAULA GIMÉNEZ

Clínica Vistahermosa (2.ª planta)

Avenida de Denia, 103

03015 Alicante

Tel. 965 26 42 00 ext. 483

UNIDAD DE SUEÑO EN GRANADA

DR. JESÚS PANIAGUA

Hospital Virgen de las Nieves

Ctra. de Jaén s/n.

18010 Granada

Tel. 958 021 659

UNIDAD DE SUEÑO EN MADRID

DR. DIEGO GARCÍA-BORREGUERO

Instituto de Investigaciones del Sueño

Alberto Alcocer, 19

28036 Madrid

Tel. 91 345 41 29

UNIDAD DE SUEÑO EN VALENCIA

DR. GONZALO PIN

Clínica Quirón

Álvaro de Bazán, 17, 2.ª planta

46010 Valencia

Tel. 96 362 08 88

UNIDAD DE SUEÑO EN ALZIRA (VALENCIA)

DR. JAVIER PUERTAS
Hospital de la Ribera
Ctra. de Corbera Km. 1
46600 Alzira (Valencia)
Tel. 96 245 81 00

UNIDAD DE SUEÑO EN VIGO

DR. RODRÍGUEZ SÁEZ
Hospital Xeral de Vigo
Rua Pizarro, 22
36204 Vigo
Tel. 986 816 000

UNIDAD DE SUEÑO EN VITORIA

DR. RUBIO
Hospital Txagorritxu
José Achotegui, s/n.
01009 Vitoria-Gasteiz (Álava)
Tel. 945 007 308

UNIDAD DE SUEÑO EN ZARAGOZA

DRA. PILAR CUARTERO
Clínica Maz
Academia General Militar, 74
50015 Zaragoza
Tel. 976 748 000

UNIDAD DE SUEÑO EN ARGENTINA

DRA. MIRTA AVERBUCH
SOMNOS. Centro Integrativo de Medicina del Sueño
Av. Santa Fe, 2992, 4.º G
1425 Buenos Aires
Tel. +54 11 482 502 03

UNIDAD DE SUEÑO EN BOLIVIA

DR. MARIO CAMARGO VILLARROEL
Neurocenter
Av. Cañoto, esquina 21 de Mayo
304 Santa Cruz
Tel. +591 3 391 331

UNIDAD DE SUEÑO EN BRASIL

DR. SERGIO TUFIK
Instituto do Sono
Rua Napoleão de Barros, 925
São Paulo-SP
Tel. +55 11 2149-0188

UNIDAD DE SUEÑO EN CHILE

DR. PATRICIO PEIRANO
Centro del Sueño Clínica INDISA
Av. Santa María, 1810
Providencia, Santiago
Tel. +56 (2) 362 53 55

UNIDAD DE SUEÑO EN COLOMBIA

DR. EDGAR OSUNA
Clínica del Sueño de la Fundación Santa Fe de Bogotá
Calle 119, n.º 7-75, 3er piso
Bogotá (Distrito Capital)
Tel. +57 (1) 6030303

UNIDAD DE SUEÑO EN MÉXICO

DR. REYES HARO VALENCIA
Clínica de Trastornos del Sueño de la UNAM
Hospital General de México-Colonia de Doctores
Dr. Balmis #148
Delegación Cuauhtémoc
06726 México D. F.
Tel. +52 (55) 56232685 al 90

UNIDAD DE SUEÑO EN URUGUAY

PROF. DRA. MARISA PEDEMONTE
Unidad Asociada a la Facultad de Medicina CLAEH
Prado y Salt Lake, Punta del Este, Uruguay
Maldonado
Tels. +598 94 775 503 y +598 42 496 612